全国小学生校园美文精品集萃丛书

七色阳光小少年

这声音唤醒了我

《语文报》编写组 编

时代文艺出版社

图书在版编目（CIP）数据

这声音唤醒了我 /《语文报》编写组编. —长春：时代文艺出版社，2018.8（2023.6重印）
（"七色阳光小少年"全国小学生校园美文精品集萃丛书）
ISBN 978-7-5387-5853-5

Ⅰ.①这… Ⅱ.①语… Ⅲ.①作文－小学－选集 Ⅳ.①H194.4

中国版本图书馆CIP数据核字（2018）第114677号

出 品 人　陈 琛
产品总监　郭力家
责任编辑　李荣崟
装帧设计　孙 利
排版制作　隋淑凤

本书著作权、版式和装帧设计受国际版权公约和中华人民共和国著作权法保护
本书所有文字、图片和示意图等专有使用权为时代文艺出版社所有
未事先获得时代文艺出版社许可
本书的任何部分不得以图表、电子、影印、缩拍、录音和其他任何手段
进行复制和转载，违者必究

这声音唤醒了我

《语文报》编写组 编

出版发行 / 时代文艺出版社
地址 / 长春市福祉大路5788号　龙腾国际大厦A座15层　邮编 / 130118
总编办 / 0431-81629751　发行部 / 0431-81629758
官方微博 / weibo.com / tlapress
印刷 / 北京一鑫印务有限责任公司
开本 / 700mm×980mm　1 / 16　字数 / 153千字　印张 / 11
版次 / 2018年8月第1版　印次 / 2023年6月第5次印刷　定价 / 34.80元

图书如有印装错误　请寄回印厂调换

编 委 会

主　　编：刘应伦

编　　委：刘应伦　赵　静　李音霞
　　　　　郭　斐　刘瑞霞　王素红
　　　　　金星闪　周　起　华晓隽
　　　　　何发祥　朱晓东　陈　颖
　　　　　段岩霞　刘学强

本册主编：朱幸福　朱海珍

目 录

那列装满思念的火车

"厨师"爸爸 .... 陶瑜珊 / 002

老师妈妈 .... 居万超 / 003

一杯热牛奶 .... 王美琪 / 005

我最好的老师 .... 童明欣 / 006

喜欢装可爱的同桌 .... 丁洁茹 / 008

我的"大象"同学 .... 周杨旭 / 010

我的"野兔"同学 .... 程思源 / 011

我班的"四菜一汤" .... 吴 尚 / 012

家庭趣事 .... 胡心悦 / 013

算账 .... 陈尹乐 / 014

"睡神" .... 凤佳乐 / 015

欢乐的一家子 .... 陈茹婷 / 017

鸡群召集令 .... 庄欣雨 / 018

可爱的乌龟 .... 赵思远 / 020

豆豆姐姐家的小狗 .... 陶雨珊 / 021

猴子求职记 .... 翟翊宸 / 022

那列装满思念的火车 .... 包怡坤 / 023

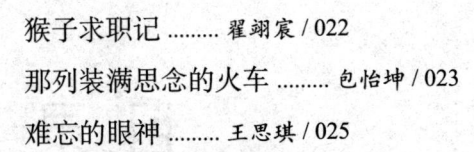

难忘的眼神 .... 王思琪 / 025

你，什么时候最美

在成长 .... 杨千慧 / 028

成长的蜕变 .... 万志怡 / 029

笑对成长 .... 沈慧芳 / 031

长大后我就成了你 .... 陈　诺 / 032

我是小球迷 .... 张子涵 / 034

我是倒霉蛋 .... 张雨林 / 035

说说我自己 .... 杨　瑞 / 036

心有舞台 .... 朱　韵 / 037

第一次骑摩托车 .... 吴思齐 / 039

学做家务 .... 黄瑞琪 / 041

给妈妈一个惊喜 .... 周锦程 / 042

帮外婆做手工 .... 陶敏毓 / 043

我努力读懂父亲 .... 孙素萍 / 044

我努力读懂母亲 .... 徐心怡 / 046

妈妈的眼泪 .... 王婧怡 / 047

我与父母的"战争" .... 程　宇 / 049

美丽的校园 .... 胡馨叶 / 051

三月的校园 .... 潘书洵 / 052

你，什么时候最美 .... 杨　慧 / 053

蚂蚁搬回爆米花

不是名画胜似名画 .... 黄逸圣 / 056

常愿清词醉明月 .... 盛明玥 / 057

品味读书的快乐 .... 汪友胜 / 059

铭记在心中的故事 .... 郑　慧 / 061

家乡的葡萄 .... 宋大炯 / 063

夜雨 .... 宁远晴 / 064

小草 .... 章新颖 / 065

听夏夜中那些美妙动听的声音 .... 许欣怡 / 066

我家的小金鱼 .... 宋修虬烨 / 067

两只小乌龟 .... 潘美玲 / 068

为什么我斗不过蚊子 .... 张语馨 / 069

蚂蚁搬回爆米花 .... 翟成睿 / 070

街头的吆喝声 .... 朱　韵 / 071

我爱吃手抓饼 .... 赵文剑 / 072

我爱校园 .... 姚文杰 / 073

我的爸爸 .... 王　莹 / 074

我给自己点个赞 .... 潘显慧 / 075

我给自己写封信 .... 董淑明 / 076

我努力读懂友谊 .... 鲁胜瑞 / 078

我努力读懂人生 .... 吴珍珍 / 080

外婆家的小院子 .... 杨　越 / 081

春天的新生

我爱菊花 ……… 唐子轩 / 084

我爱小草 ……… 胡心悦 / 085

春天的新生 ……… 居文慧 / 086

我为花儿红 ……… 张俊杰 / 087

晒晒咱班的"牛人" ……… 王静怡 / 089

同桌的冤家 ……… 程大炯 / 091

吃货的家乡情结 ……… 陶雨洁 / 093

我们班的作文课 ……… 沈心彤 / 095

假如我是一只宠物狗 ……… 陶泽景雄 / 096

假如我是女生 ……… 胡乔森 / 097

手假如长在腰上 ……… 张悦然 / 098

友爱 ……… 王欣悦 / 099

徜徉在春的怀抱 ……… 张韦晨 / 101

春游珩琅山 ……… 李 想 / 102

家乡的池塘 ……… 胡 叶 / 104

乡村·童年·生活 ……… 翟飞扬 / 105

单翼天使亦能飞翔 ……… 张梓瑜 / 106

听《雨的印记》有感 ……… 王沈嘉 / 108

生命的震撼 ……… 王中阳 / 109

我最喜欢的一本书 ……… 张亦弛 / 110

美丽的绽放

火之舞 ……… 谢新瑞 / 114

思 .... 范昊妍 / 116

我的奔月之旅 .... 宛　羽 / 118

槐树 .... 胡　叶 / 120

晨景 .... 谢兴瑞 / 122

落叶的 1001 种美 .... 芮　洪 / 124

美丽的绽放 .... 王雨昕 / 125

白色污染谁造成 .... 杨　舒 / 126

那只小鸟原来是我们救的 .... 程步清 / 127

我是一粒种子 .... 葛佳慧 / 128

天空的眼泪 .... 李知涵 / 129

2027 年后，我是一名医生 .... 汪永红 / 130

未来畅想 .... 杨浅如 / 131

令人难忘的运动会 .... 吴博雯 / 132

我向往的青春生活 .... 陶　璇 / 134

花开的声音

从"撕纸大王"到"小作家" .... 周倩萍 / 138

从害怕写作至找到乐趣 .... 陈祖航 / 139

写作承载了我的喜怒哀乐 .... 汤航天 / 141

我爱作文 .... 姜　来 / 142

我与写作 .... 汪　悦 / 144

享受每一次写作 .... 鲁小雪 / 145

写文章 .... 章东慧 / 146

作文高手的由来 .... 汤思雨 / 148

花开的声音 .... 吴承昊 / 149

长大的多姿多彩 .... 吴　鹏 / 151

长大真好 .... 董　烨 / 153

长大做个文明使者 .... 吴梓鑫 / 154

向新四军烈士致敬 .... 芮梦琴 / 155

当一回幼儿园老师 .... 吴慧娴 / 156

放风筝 .... 芮雪涵 / 158

写字比赛 .... 汪芝润 / 159

周末 .... 尚晶晶 / 161

美妙的旅行 .... 袁弋乔 / 163

美丽的三潭印月 .... 吴佳美 / 164

游动物园有感 .... 钱佳豪 / 165

那列装满思念的火车

过了几天,爸爸妈妈的假期结束了,他们又要走了。站在进站口,望着火车远去的方向,我心里充满了不舍。这列承载着我无尽思念的火车啊,什么时候才能载着我的爸爸妈妈再次回来?或者,什么时候爸爸妈妈可以不用坐着这列火车去远方工作?

"厨师"爸爸

陶瑜珊

你看,那个正在做饭的人,便是我的爸爸。他一头乌黑的头发,还有一些自然卷,国字形的脸,高高的鼻梁上架着副黑色边框的眼镜,样子看上去有些严肃,其实我的爸爸十分和蔼、幽默。我的爸爸像是一位厨师,会烧出好吃的菜,让人直流口水。

爸爸最拿手的菜——鱼,比如剁椒鱼头、糖醋鱼……爸爸首先把鱼的肚子破开,用手把鱼鳃掏出来,接着把鱼肚子里的脏东西扔掉,然后用干净的水将鱼清洗干净。只见爸爸在锅里倒入适量的油,放进事先切好的姜丝。等油冒烟了,爸爸顺着锅沿将鱼轻轻地放入锅里,"刺啦——"一声,把我吓得往后退了几步,只见爸爸不慌不忙。等鱼一面煎成金黄色的时候,爸爸拿起锅铲小心翼翼地将鱼翻身,再将另一面煎成金黄色,然后撒上盐、白糖,倒进黄酒、醋、酱油各种调料,再加入适量的水,将锅盖盖上,继续烧一会儿。

不一会儿,糖醋鱼就出锅,香喷喷的鱼,谁看着不会垂涎欲滴呢?我们津津有味地吃着鱼……不一会儿,盘子里只剩下鱼汤了,我竖起大拇指,对着爸爸说:"你烧的鱼真好吃,真是美味佳肴!"

老师妈妈

居万超

您身材苗条,两道柳叶眉下有一双千里眼,您每次在黑板上写字的时候,下面同学的一举一动都能看得清清楚楚,高高的鼻梁下面有一张像播种机一样的嘴巴。您每次上数学课时,人还没到香气就飘进了教室。这时候教室里会立刻安静下来。您就是我们的数学老师——陈勤勤老师。

您工作认真负责,常常引导我们用好的方法去解题。一天在数学课上,一道工程问题的应用题把我们难住了。只见您在黑板上寥寥几笔,就画出了示意图。不但使我们轻而易举地解决了困难,而且学到了好的解题方法。您常常教导我们:"遇到难题可以动手画画,这种方法行不通,再换另一种方法试试,这样就没有什么难题了。"由于您的方法新颖,教学思路清晰、易懂,同学们都喜欢上了数学,班上同学的数学成绩个个顶呱呱。

因为您课上得好,所以常常吸引不速之客——马蜂来"听课"。这群大家伙经常趴在教室玻璃窗的外面,聚精会神地听那些加减乘除,看复杂的公式,似乎听得入迷呢!有一次,它们中间的一员,情不自禁地溜进了教室,在同学们的头上一边飞一边"嗡嗡"地叫着,就像日本鬼子的飞机。同学们吓坏了,教室里乱成了一锅粥:有的叫着，有的用衣服捂着头，还有的钻到桌子底下……您却十分冷静。为了不让马蜂蜇到学生，您一把抓起自己的数学书，追着马蜂打。这一下可激怒了马蜂，它呼啸着向您冲去，有几次还碰到了您的脸，差一点和您来个"亲密接吻"。您的额头上溢出了汗珠，可是为了学生，你没有退却，拿着书继续追打着。每一个同学的心都提到嗓子眼上。我们屏住呼吸，心里默默地祈祷：马蜂，求求你，不要蜇陈老师啊，要知道她可是我们心目中的好老师啊！那只马蜂似乎听懂了我们的祈祷，便识趣地飞走了。我们提着的心才放了下来。您紧皱的眉头终于舒展开了，说："还好，没伤着你们。"

在危急的时候，您挺身而出，不顾自己的安危，冒着被马蜂蜇的危险，用身体保护着同学们，您就像我们的妈妈！

乌云密布，北风呼呼地刮着，气温骤然下降。因为我上学时衣服穿得少，冻得全身发抖，嘴唇发紫。您看到后，立刻骑上电瓶车，飞快地跑回家，取来一件你儿子的衣服，说："冻坏了吧，快穿上！"我穿上您儿子的衣服，顿时一股暖流流入心田，泪水模糊了我的眼睛。此时，我真想叫您一声妈妈！

我们是麦苗，您就是麦田的守护者。您辛勤地耕耘、播种、浇灌，精心地呵护着每一株麦苗，在您的培育下，我们茁壮成长。

加减乘除算不出您对我们的付出，比值再大也没您对我们的爱大，统计再多也无法统计出您为我们流出的汗水。我们唯有发奋学习，才能报答您的恩情。

一杯热牛奶

王美琪

哎！作业还没写完！我揉了揉干涩的双眼，活动活动酸疼的手指，伸了个懒腰。窗外黑漆漆的，很是寂静，仿佛天地间只有我的一盏小台灯孤单地亮着。心里烦透了，真不想做作业了！我猛地用手重重捶打着桌子上的试卷。

妈妈进来了，手里端着一杯牛奶。她快步走到我跟前，问："怎么了？作业还没写完？今天太晚了，干脆不写了吧。"我一听火更大了，大声吼道："不写怎么办？老师明天要检查，谁负责？"

见我正在生气，妈妈轻轻地将牛奶放在书桌里角，不声不响地转身走了出去。可妈妈刚出门，我就自责起来了。我怎么能这样对妈妈说话？作业多又不是妈妈的错，让我干脆不写也是心疼我啊！

牛奶冒着热气，手摸着杯子热乎乎的。端起杯子，我轻轻喝了一口，心里暖暖的！不由想到妈妈，她关心我，我却这样吼她，在我面前时她没说什么，甚至脸上的微笑都没抹去，现在不在我眼前的她，会不会特别伤心，伤心自己有这样一个蛮不讲理的女儿？

喝完这杯牛奶，我的心里充满着对妈妈的愧疚，手里捧着还有余温的杯子，真想过去跟妈妈说声"对不起"。可是我没有，我不知道怎么对妈妈道歉。这么多年，向同学道过歉，向老师道过歉，向好多好多认识的和不认识的人道过歉，好像从来没向妈妈道过歉！

　　一杯热牛奶，让我看到了妈妈爱我的心。一杯热牛奶，也让我看到了自己的不足。

我最好的老师

童明欣

　　心目中的好老师，不求他们有很多贴满墙壁的奖状，不求有很多带满脖子的奖牌，只求他们用自己的心，竭尽全力为我们上课。他们就是好老师，至少在我心中……

　　孙老师40多岁，小个儿。别看她小个儿，知识可是无比丰富的。长长的头发金灿灿的，戴着一副眼镜，眼睛充满着智慧。你信吗？她那双温柔的眼睛与众不同——会说话！每当我取得进步时，她那双眼睛好像在说："你真棒，good（好）！"每当我一大早来教室打扫卫生时，她的眼睛仿佛在说："你真是一只勤劳的小蜜蜂！"如果上课走神了，那双眼睛又在提醒我："快快专心听讲！"……

　　每一次上课，她总是围绕中心穿插一些有趣的故事，比如：学习马克·吐温写的《汤姆·索亚历险记》时，她给我们介绍马克·吐温的一个小故事——"马克·吐温及一只箱子"的幽默故事。有一天马克·吐温来到一个小城市，他想找一家旅馆过夜。旅馆服务台上的职员请他将名字写到旅客登记簿上。马克·吐温先看了一下登记簿，他发现很多旅客都是这样登记的。比如：拜特福公爵和他的仆人……

这位著名的作家于是也写道:"马克·吐温和他的箱子。"记得当时我们哄堂大笑,笑得肚子都疼。轻松过后,我们也真实地领会到文学大师语言的幽默和风趣。

　　孙老师,我的语文老师,她性情温和,平易近人,语言幽默风趣。她常常这样和我们聊天:"孩子们,你们生活和学习中有了困难都可以和我交流。我家中养的是儿子,陪伴他成长的过程中结识了很多'绿林好汉',你们的小心事我读得懂;女生呢,更没有问题,别忘了,我曾经也是一位小女生。"同学们都非常喜欢这位像妈妈一样的老师。教学中,孙老师常常引领我们从课内到课外。她有时会跟我们说一些自己看书后、看新闻后的感悟;有时又会说自己看动画片的感受;甚至还会和我们说说自己小时候的事情……多有趣呀!那些动画片也是我们喜欢的,她小时候的那些事呢,恰恰又是我们心中向往的。我们常常听得如痴如醉,天天盼着上语文课。偶尔有人开小差了,她会轻轻走过去拍拍他的肩、摸摸他的头;或者声音突然提高,笑着说:"咱班有位先生(女士)在神游,可否说出来,让大家分享?"如此这般提醒我们认真听讲。有谁会不喜欢她呢?渐渐地,我们爱上了语文课。

　　孙老师最拿手的是作文教学。每次的课文教学中,她都会随机插入作文教学,还会让我们做一些小练笔。在教学《我最好的老师》一课时,文中第四自然段写人物心情的句子,一连用了两个反问句,表达出作者的气愤心情。孙老师就让我们当堂练习写类似的片段。她让我们回忆被别人误解或欺骗后的心情,同位互相诉说后,再把这种心情用文中的句式写下来。我很喜欢她的这种教学方法,化整为零,重点突破,有效地帮助我克服了对习作的恐惧心理。她批改作文时非常认真,大到整段语句,小到标点符号,她都不放过。每次习作讲评课,她都精心挑选同学们写的精彩片段,深情地读给我们听,大面积地鼓励我们,让我们慢慢地喜欢作文。她还想方设法激励我们,同学们的好文章，她都要求大家认真修改，及时上传到网络班级中的"学生习作"中，给我们提供各种展示的机会。在孙老师的鼓励下，我们都爱上了写作文。

她是个关心学生的好老师。也不知道什么时候开始，我写的字总是有点歪，但怎么也改不掉。她在刚接手我们这个班级后没几天就发现我这个毛病，她耐心地教我执笔的方法，经常提醒我，还请我的同位、我的父母帮助我。现在我的字比以前好多了，写字姿势也改过来。

再说李熔这件事情吧，上个月的一天中午，老师正在家中午休，听说李熔的脑袋给三班同学打破了，她立刻跑到班级，带着李熔去医院。听李熔说，医生给他清理伤口、给他缝针时，孙老师像妈妈一样，紧紧地抓住他的手，不停地安慰他，还请求医生动作轻一点儿、再轻一点儿。李熔说他觉得一点儿也不疼。不疼，你懂得。

孙老师，她是我心目中的好老师。

喜欢装可爱的同桌

丁洁茹

我有一个喜欢装可爱的同桌，叫潘佳敏。

她长着一双水灵灵的大眼睛，红红的嘴巴，高高的鼻梁上架着一副橙色的眼镜。

她什么都好，可最让人讨厌的是：她很喜欢装可爱。记得有一次，老师让她上课回答问题，她胆怯地站起身，装着一副楚楚可怜的样子，奶声奶气地回答了老师的问题。大家都对她很无语，她像受了委屈的小公主一样嘟起小嘴，慢慢地坐下来，还不忘伸一下小舌头，冲大家做一个可爱的表情。唉，这个潘佳敏，可真是让人受不了啊！

类似于这样的事情还不止一次。

有一次下课时，我和几个同伴正玩得开心，她不管三七二十一，拉着我陪她玩。大家都莫名其妙，我们还以为她受了什么委屈呢。结果她用一副哭腔撅着嘴说："人家一个人很孤单，你们不陪我玩，我很'桑'心呢！"我和同伴们都朝她翻白眼，她立马换成可爱的笑脸央求我说："哎呀，好啦，不要这样啦，我和你们一起玩就是嘛。"我一听她这语气真恨不得用豆腐拍死我自己。

更有一次，在写字课上，我的同学正在看学校订阅的漫画书，漫画书中有许多可爱的小动物图片。她看见了，用可爱的语气说："啊，好可爱的小狗狗和小猫咪哦！"我和同学都有一种想拔腿就跑、逃离现场的感觉。后来她还不放弃装可爱，拍了拍我的肩膀，模仿书上小动物的鬼脸。唉，对于这样一个装可爱的同桌，我只能用一个字"晕"形容。

你们说，我的同桌是不是特别喜欢装可爱呢？但是有这样一个同桌，我一点也不觉得讨厌。有了她，你每天的心情都是一片艳阳天。

我的"大象"同学

周杨旭

我有一个同学，名字叫马家诚，不过我倒觉得他不像马，"大象"这个名字应该更适合他。因为他长得比较高，还很胖，像大象；他走路很慢，一摇一晃的样子，像大象；他视力不好，也像大象。

马家诚很胖。有一回，我在教室里和同学玩游戏，出教室的时候正好碰上他进教室。我还没出去，就被他那胖胖的身体给挤回来了，只好等他进教室以后我再出去。真是个胖胖的"大象"啊！

马家诚走起路来真是慢啊。有一天放学，我留在教室里打扫卫生，马家诚早就放学走了。可是等我打扫完教室往家走时，竟然在路上看到了他，于是我三步两步追上他，跟他一起回家。"马家诚，你走得可真慢啊！"我情不自禁地对他说，"该减减肥了！""我是在等你一起走，好不好？"瞧，他还嘴硬呢！说完我俩都哈哈大笑起来。真是个慢吞吞的"大象"啊！

马家诚最大的缺点就是视力太差。记得有一次，我们正在上语文课，老师用视频给我们讲课，让我们以"开火车"的形式依次读词语。轮到马家诚的时候，却没了声音。老师问他怎么不读，他的回答让全班同学都哈哈大笑。只见他挠着脑袋，不好意思地说："我……我……我看不见。"可是，他明明坐在第三排啊，离讲台那么近。哎！真是个视力极差的"大象"啊！

我的"野兔"同学

程思源

我有一个好朋友叫陈如挺,但平时我们都喜欢叫她"野兔"。她跑步非常在行,她的性格非常温顺,可是很爱哭鼻子,所以眼睛总是红红的。

跑步健将

每当我们上体育课的时候,老师都会带我们玩一种游戏,让我们男生和女生分别从自己的队伍中选出一名队员,两人比赛跑步。只要女生队派"野兔"同学出马,哈哈,男生们,你们就等着输吧。因为每次她都能跑赢对方。后来我们干脆直接每节课都选她出来比赛,因此,每次上体育课,大家都能看到我们班的男生在接受惩罚,其实不是他们犯错误了,只是有点技术不佳,哈哈……

胡萝卜终结者

说她是"胡萝卜终结者"一点儿也不夸张。上次,我去她家找她玩,她的妈妈邀请我在她家吃晚饭。阿姨煮了几根胡萝卜,要我跟她两人一人吃一根。可是，还没等我做出反应，她已经拿起一根胡萝卜啃了起来。不一会儿，几根胡萝卜全被她一个人吃完了。我气得直跺脚，大声感叹道："'野兔'小朋友，你真是个胡萝卜终结者啊！"

好脾气姑娘

"野兔"的脾气很好。有一次，班里的几个调皮分子给她编了一首顺口溜："小野兔，跑步快，两只眼睛红起来；爱吃萝卜和青菜，'残害'男生不可爱。"他们想以此来气气她，报体育课之仇。谁知道，"野兔"听了不仅不生气，还笑嘻嘻地说："还挺上口呢！"

你觉得我这位"野兔"同学可爱不可爱？

我班的"四菜一汤"

吴 尚

今天我来介绍一下我班著名的"四菜一汤"，请各位请注意了！

第一个出场的是我们的"辣子鸡"，他是我们的班长，叫李云博。他的脾气很急躁，容易上火，就像我们吃的辣子鸡一样，给人火辣辣的感觉。他可不好惹哦。

"青椒土豆丝"是我的好朋友，叫胡化阳。他的个子很矮很瘦，就像去了皮切成丝的土豆。我跟他之间有很多的小秘密，不能告诉你们哦。

"可乐鸡翅"是我的同桌叫孙志勇，他身材很高，力气也很大，都能抱起我了，我可是很重的哦。他有个特点就是每天都要吃一个鸡翅，再配上一瓶可乐，他说那滋味舒服极了，所以我们叫它可乐鸡翅。

　　"糖醋排骨"是我们班的王宜奇。他又瘦又爱吃糖果。我们一见面，就打了起来，但是每次我都输了。原因我一直在寻找。

　　点了四道菜再来说说我们的汤。"西红柿蛋汤"，我们班的副班长云雅静。她的脸蛋像西红柿一样总是红红的。她真的像西红柿蛋汤一样人人都爱，我们每位同学都很喜欢她。

　　这就是我们班的四菜一汤，都是名人哦，你们想认识吗？

家庭趣事

胡心悦

　　愚人节已经过去了，但我和爸爸妈妈还觉得没有过瘾，还想再过一个。晚饭时，我灵机一动想出了一个好办法说："我们自己过一个家庭'笨蛋节'吧！就定为明天吧！每年一次，好吗？"我的这个建议在家中全票通过。

　　第二天，我开启了"笨蛋节"的全部过程。因为我是第一个起床的，这让我有机可乘。我看了一会儿电视，妈妈起来了。就在这时，我立马关掉电视，跑进厨房，对妈妈说："妈妈，平时你很辛苦，今天我做好了早饭了，你来看看吧！"妈妈一听先是一愣，而后高兴地说:"好! 我来了。"妈妈兴冲冲地往厨房一看,什么也没有,正纳闷,我马上大笑说:"笨蛋节快乐!""哦! 我忘了这茬儿。"妈妈一拍头想起来,无奈地笑着出去了。

这时,爸爸起来了。我偷偷跑到卫生间的洗漱台,对爸爸说:"家里没有牙膏了。"这时爸爸走过来说:"不可能,昨天还有呢!"他一看牙膏还是满满的。正当他纳闷不解的时候,我说了一句:"笨蛋节快乐!"爸爸一拍脑袋:"哎呀!怎么就没有想起来呢?"这时妈妈回来了。她拎了一大篮子菜回来了,说:"你们在吵什么呀!快来吃草莓吧!"我和爸爸立刻跑出去,妈妈在洗的哪是草莓嘛?分明是胡萝卜嘛!妈妈得意地咯咯笑个不停……

最后,爸爸被骗了5次,我3次,妈妈2次。最后的"笨蛋王"是爸爸。我们让他说获奖感言,他苦笑一声,拿起话筒(茶杯)学着赵本山,声情并茂地说:"感谢CCTV,感谢VCD、DVD……""哈哈……"妈妈和我笑得前合后仰,家里充满了节日的欢乐气氛。

啊! 我可爱的"笨蛋节",真期待下一个节日早早来临呢。

算　账

陈尹乐

那天,我和妈妈去水果店买水果。忽然,耳边传来一阵争吵声。我忍不住转头一看,原来是水果店老板和售货员阿姨正在争辩着什么。

走近细听,原来是售货员阿姨不小心收了一张五十元的假币,白白送了一箱水果，还找给顾客十五元。老板计算一共损失了一百元，于是，决定从阿姨的工资中扣一百元。可售货员阿姨想了一下，觉得不对："不对呀，我收了一张十五元的假币，又找出了十五元，应该只损失了六十五元啊！"

了解原因后，我走上前，笑着对他们说："叔叔阿姨，你们都算错了！"

"我并不是要多管闲事，我只想证明一个数学问题。"我可不管他们的态度，自顾自说道，"我算了一下，你们亏的是五十元。"

"五十元？"两个人异口同声，一下子停止了争吵，疑惑不解地看着我。

我顿了顿，笑道："一箱水果三十五元，加上你们找出十五元，共计五十元呀！至于那五十元假币，那本就不是你们的啊！"

大家都恍然大悟，包括老板在内，都对我竖起了大拇指。特别是那售货员阿姨，更是走了过来，直拍我的肩膀，十分感激地说："真聪明的小宝贝。是的，你算得对，只损失了五十元。"

看到这一情景，我心里也甜滋滋的，因为我运用数学知识解决了问题，帮助了别人。

"睡神"

凤佳乐

在我们班，只要提到"睡神"刘目敏，那真是无人不知，无人不晓啊！他超级能睡，哪怕是大清早，他也能睡着；有时候，站着也能睡着，你要不叫他，他能睡一天。

刘目敏个子很高，长得胖嘟嘟的，走起路来摇摇晃晃的，笑起来张着嘴，眯着眼，傻乎乎的，声音很大。他很懒，要是让他去干点什么事，他都是懒洋洋的，噘着嘴，拖着胖胖的身体，心不甘情不愿地慢吞吞地往前挪着步子。我们是看在眼里急在心里，干着急没办法。

记得有一次上课的时候，刘目敏在座位上打瞌睡。我无意中看见了，赶紧用肩膀碰了他一下，他受了惊吓，慌忙抬起头来，东张西望。看他醒了，我偷偷地笑了一下。可是，无巧不成书，我碰刘目敏的那一瞬间，被老师看见了。她严厉地看着我，我连忙站起来，解释说："老师，刘目敏刚才睡觉了，我提醒他。"老师点点头，让我坐下。然后，示意刘目敏去水池边洗一把脸。只见他拖着胖胖的身子，慢吞吞地向教室外走去，同学们哈哈大笑起来。老师板着脸，大吼道："笑什么，有什么好笑的！他这样也不是一天两天的啦，见惯不怪。"其实，我发现老师自己也在笑。

还有一次，劳动委员发现刘目敏的桌子里都是垃圾，让他把垃圾清理掉，刘目敏坐在那里，好像什么也没听到。劳动委员愤怒地叫道："听到没有，快一点儿！"没想到，他一下子站起来，说："谁叫我？怎么啦？"哎！劳动委员真是又气又恨，原来刚才他又睡着啦。

这就是我的"睡神"同学，他是不是很能睡呢？听老师说，他家里人带他去过上海等大医院检查过，什么毛病也没有查出来。不管他晚上睡得多早，第二天还是会在课堂上打瞌睡的。老师也没有好办法，只有特别关心他，发现他睡觉，就提醒他去洗把脸或站一会儿，还让我们也注意提醒他。说实话，他虽然爱打瞌睡，又有点懒，不过，他的脾气很好，总是笑呵呵的。真希望他能早日去掉"睡神"这顶帽子，和我们一起快快乐乐地学习。

欢乐的一家子

陈茹婷

我家里每天都发上演着一些丰富多彩的事情。我就向你介绍介绍那些有趣的事吧。

瞌睡虫：老爸

"呼哈，呼哈，呼……唉哟！"听这声音，就能明白爸爸在打呼时被妈妈扭了鼻子。爸爸只要有空，大部分时间都在睡"美容"觉。有一次，我正在写作业，爸爸在床头兴致勃勃地玩着平板电脑。十分钟不到，爸爸竟然"呼哈，呼哈，呼哈"地睡着了！还有一次，我晚上失眠睡不着，爸爸说："你可以数羊呀！""那个不管用！"我说。"谁说的？我数到三就睡着了！"嗨！他真睡着了。

网虫：老妈

"啦啦啦，老妈，老妈，我们去哪里呀？""等一会儿，我把这集电视剧看完了，带你去吃东西。"妈妈不耐烦地说。一小时后，我问："妈妈，我的娘呀！你好了没？都十一点五十分了！""很快，特别快，我把这双鞋改价成功！"我的天！她又在网上淘宝！又过了半小时后，妈妈说："好了！明天就可以拿到这双鞋。走吧，我们吃东西去！""不用了，我已经吃了两次了！"

贪吃虫：我

"婷婷，鸭脖子买回来了！"我以百米冲刺的速度来到妈妈的身边，夺下鸭脖子去我房间。我觉得史上最完美的事就是一边吃鸭脖，一边看《守护甜心》。几分钟后，我说："妈，我吃完了，我还要吃烧烤！"

这就是我家的三只"害虫"！很特别吧！

鸡群召集令

庄欣雨

星期六，我去了外婆家。外婆家养了一群鸡。在外婆家的两天里，对于这群鸡，我做了3件事：看鸡、喂鸡、浇鸡。

看 鸡

外婆家的鸡多种多样。按"性别"分，有公鸡，有母鸡；按羽毛分，有白鸡，有花鸡；按身材分，有胖鸡，有瘦鸡；按性格分，有勤快鸡，有懒惰鸡。还是说说那勤快鸡和懒惰鸡吧。

外婆家有只大公鸡。这鸡长得羽毛油亮，尾羽超长，肥嘟嘟的。为啥身材如此"发福"？因为这只鸡可是只勤快鸡呢！早晨五点多钟，它就"喔喔喔"地打鸣了。等我六点后起床刷牙时，这只鸡也没闲着，到处找食物吃。你看它先用爪子刨几下土，然后再啄食一下，再刨，再啄。它总是在抢东西吃，为了食物不惜从东跑到西，又从南走到北。你说它勤快不勤快?

外婆家还有只懒惰鸡。这是只母鸡,身上披着件单薄的白外衣,身材实在不敢恭维,瘦不拉唧的。你道它为什么这样瘦?可不是减肥的功劳,而是它太懒了!它整天忙于社交和"鉴定"东西。不是跟在别人后面"咯嗒咯嗒"地起哄,就是东啄啄西啄啄,它只啄身边之物,不爱为食物多走一步,你说它又怎能不瘦呢!

喂 鸡

第二天早上,外婆给了我几袋饼干,我站在门外吃了起来。

门外正有几只鸡在找食,我突发奇想:鸡喜不喜欢吃饼干呢?于是,我便将饼干掰碎向那些鸡洒去,它们"咯咯咯"地围拢了上来。

一只公鸡试着尝了尝——嗯,好吃,好吃!低头啄起来。于是,我又将手里的饼干一块块掰碎,扔给那些没抢着的鸡。顿时,鸡群发生了"大型争夺战",抢啊、叫啊、啄啊,闹得不可开交。我则在旁边拍手,又笑又跳:"鸡王朝内讧了!鸡王朝内讧了!"

一会儿,吃早餐了。外婆准备的是面条,吃在嘴里非常筋道。吃着吃着,一不小心我掉了一根到地上。一只鸡敏捷地跑了过来,啄起便跑!这可太有意思了!于是,我又将吃剩的面条一根根抛向鸡群。紧接着,鸡们又开始了混战。你瞧,这只鸡刚叼起一根面条,便有一群鸡跟在它屁股后面追着,一个不小心,刚抢到的食物又被别的鸡给抢走了……

浇 鸡

吃完饭,我拿着水杯去漱口,突然发现一只鸡正"鬼鬼祟祟"地抢外婆刚喂的食物呢!一定是别人家的鸡!不管三七二十一,我将

水杯中的水倒向了它。没想到它还挺机灵的，猛地往边上一跳，没浇中。哼，要浇你还想跑？就是不能浇中也得浇中！于是我又跑回家灌了些水，跟在后面使劲浇。没想到，这只鸡腿脚挺麻利的，老是往右跑。老是往右跑？我眼珠一转，计上心来——下回我浇水时稍微往右边一点儿不就行了？——哈！命中目标！我赶紧请外婆来看我的"战果"，没想到外婆居然告诉我，这只鸡不是别人家的"特务"，而是外婆最会下蛋的那只鸡！差点让我晕倒。

这些鸡有趣极了，它们给小村增添了无限生趣。

可爱的乌龟

赵思远

奶奶家有只可爱的乌龟，我非常喜欢。

说它大吧，在爷爷还没出生前就有了它；可说它小吧，个头的确小小的，成天一副弱不禁风的样子，缩头缩脑的，既胆大又胆小。胆大吧，是因为它经常在院子里伸长了脖子大摇大摆地逛来逛去，常常从一层台阶上摔下来，四脚朝天的样子总使一家人哈哈大笑；胆小，是它的本性，听到一点响动，它不顾三七二十一就把头和四肢缩进了它随身携带的"房子"里，好一会儿才肯探出头来。

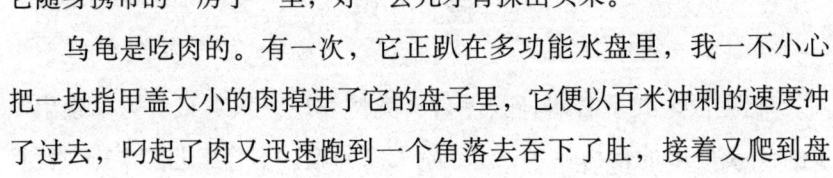

乌龟是吃肉的。有一次，它正趴在多功能水盘里，我一不小心把一块指甲盖大小的肉掉进了它的盘子里，它便以百米冲刺的速度冲了过去，叼起了肉又迅速跑到一个角落去吞下了肚，接着又爬到盘

子里，还抬起头来似乎在说："小主人，我还没吃饱呢！"我一时高兴，又拿来三四块小肉片放在盘子里，它一块一块地咽下了肚，慢条斯理地，好像它也想当回绅士似的，高高地抬起了脖子。

可爱的乌龟还很淘气呢！去年10月底至11月初，为了冬眠，它便四处寻找住处。到了11月中旬了，好几天都看不到它，还有一种想念它的感觉，便问起爷爷奶奶来。奶奶笑着把我带到餐厅的一个角落，顺着奶奶手指的方向，我便看到了令人吃惊的一幕来：哇！它居然躲在奶奶的一只棉拖鞋里冬眠了，只留下一个屁股在外面。我呆若木鸡地站在那儿，有些不知所措，呆呆地望着它。

乌龟真是种有趣、可爱、淘气的小动物。

豆豆姐姐家的小狗

陶雨珊

今天早上，小姑妈带我们去豆豆姐姐家去玩。我们来到豆豆姐姐家，果冻就从屋里跑了出来，我说的果冻可不是我们吃的那种滑溜溜的、冰冰凉凉的果冻，而是一只小狗的名字。

果冻一身棕色的毛，要是远远地看，还以为是个毛茸茸的球呢！果冻有一双黑黝黝的大眼睛，像两颗黑珍珠，它的鼻子大约有一块橡皮那么大，一双扁扁的耳朵，走起路来耳朵摇来摇去真可爱，小爪子黑黑的。豆豆姐姐拿了一块饼干，逗着果冻，让它坐下、握手、击掌它都会，再把饼干喂给它吃。它还能听懂英文呢！如果我们故意做出要吃它的饼干的样子，它就会凶我们。由于它只会下楼，不会上楼，我们便用饼干吸引它。我们把每一层楼梯都铺满了饼干，让它学会上楼。我们坐在最高的一层楼梯上津津有味地吃饼干。

果冻趴在楼梯上一动不动。过了一会儿，我还以为它睡着了呢。我走到它身边，它突然睁开了双眼，我被吓得愣住了。我带着果冻来到了院子，我准备亲自体验一下，我用了豆豆姐姐的那一套，原来果冻很听话，我拿了一块饼干，我说坐下，它就坐下来，我说握手，它就把爪子伸了过来和我握手，我说give me five（击掌），它就和我击掌，有趣极了。

时间不早了，我们依依不舍地离开了豆豆姐姐家，果冻跟着我们来到门外，好像舍不得我们离开。

猴子求职记

翟翊宸

猴子毕业了，很长一段时间都待在家里，他想：我每天这个样子待在家里也不是个事，干脆去找个工作让自己锻炼锻炼吧！

猴子去了附近的几家公司，可都没被录用。为什么呢？他先去小猪开的搬家公司，在搬运东西的时候把顾客的衣服弄进了水塘，结果被客户投诉了，所以没有被录用。然后他去了小兔子家开设的蔬菜批发公司，兔子让他去分店当收银员。小猴子在收银的时候，把一千八百元当作一百八十元收了，造成了重大的损失，不但赔了钱，还被老板炒了鱿鱼。

最后,他去了棕熊家开设的蜂蜜制造厂。棕熊让他把蜂蜜从窝中挤出来。结果,猴子虽然把蜂蜜从窝中给弄出来了,但是他却被蜜蜂叮了许多的包。棕熊说:你这样是不行的,干这种事是要有技巧的。猴子想了想,似懂非懂地点点头,说:哦。猴子想:技巧,用什么技巧?对了,我家不是有台榨汁机吗?于是他赶忙跑回家拿榨汁机。棕熊先生看见了,想:这人干什么回家?真不知道他在发什么神经。哎,继续干活吧,我可不想把心思放在他的身上。

过了一会儿,猴子抱着榨汁机回到了工厂。他先把蜂窝放进了榨汁机,然后按下了开始按钮,等蜂蜜榨完后,再把蜜蜂取出,最后把蜂窝扔掉。于是,他又没被录用。猴子想:为什么在棕熊先生家开设的蜂蜜制造厂里也没有被录用?

那列装满思念的火车

包怡坤

对余光中来说,小小的邮票承载的是对家乡的怀念,而对我来说,长长的列车承载的是对爸妈的思念。

每当听到轰隆的列车声,我都会想起远在他乡工作的爸爸妈妈。他们为了一家人的生活,不得不去往远方。

从七岁开始,我就一个人过生日,爸爸妈妈只能在电话里祝我开心。我是多么希望他们能在我身边,和我一起过生日,但为了一家人的生计，他们不能回来，他们只有过年才乘坐火车回来与我见上一面。

　　终于，爸爸妈妈要回来了，他们要坐着那列装满了我对他们的思念的火车回来了！那天，我和爷爷早早地从家出门去车站接他们。一列一列火车停靠在车站，旅客们下车与接站的亲人相拥欢笑，脸上洋溢着团圆的幸福。

　　等了很久，爸爸妈妈乘坐的那列火车才缓缓地驶来，近了，更近了。

　　火车终于停下了。东看西看，我却没有看见爸妈的身影，心里不由有点担心——难道爸爸妈妈有事耽误了？正当我努力在人群中搜寻时，背后传来一声沙哑的叫声"坤坤"。我转过身去。天哪，这是我的父母吗？爸爸骨瘦如柴，眼帘低垂着；妈妈的脸上因为过度劳累而布满皱纹，眼睛红通通的，布满了血丝。那原本飘逸、乌黑的长发也夹杂了根根银丝。那时候我真想哭，但我竭力压制着泪水，不想让父母看到我哭的样子而伤心。

　　过了几天，爸爸妈妈的假期结束了，他们又要走了。站在进站口，望着火车远去的方向，我心里充满了不舍。这列承载着我无尽思念的火车啊，什么时候才能载着我的爸爸妈妈再次回来？或者，什么时候爸爸妈妈可以不用坐着这列火车去远方工作？

难忘的眼神

王思琪

九十多岁的曾祖母晚年患病，直不起腰来，只能蜷缩在床上。一个日光浅浅的下午，许多亲戚相约来看望曾祖父母。在曾祖母房间里，众人放下礼品打个招呼，一会儿都去堂屋同曾祖父说话去了，屋里一下子又只剩下曾祖母一人。我于心不忍，进屋站在床前。曾祖母看见我在旁边，嘴角微微动了动，看着我。过了一会儿，她仿佛感觉床单上有一处皱痕，努力地想直起身子，伸出僵直的左手向前探着，试着将床头抹平。终究力不从心，那只仅蒙了一层枯黄皮的手只摸了一下床单，却再也没有力气动了。我连忙上前把床单拉直。曾祖母缓慢地抬起头，那张苍老、瘦削、布满老人斑的脸上吃力地挤出一个微笑，慈爱地看着我。我看着曾祖母，却有一股莫名的心酸。我想，曾祖母老了，可能时日不多了。

再次去曾祖母家是半个月后了，那是临近元旦了。曾祖母走了，走得很突然。我看着那盖着白布的曾祖母，又想起那张毫无生气的脸，那松弛下垂的皮肤，那干裂褪色的嘴唇。

曾祖母虽然走了，但我一直记得那个冬日浅浅的下午，那个慈爱的眼神……这个最后的眼神是什么？是对我拉直了床单的谢意，还是看到我长大的欣喜？还是因为我的陪伴，不再让她有子孙满堂却无人左右的孤独？伴着悠悠的思念，也许那个眼神，还有许多意味，值得我慢慢琢磨。

你，什么时候最美

　　天空中，小鸟唱着动听的歌儿，在自由地飞翔。孩子们放的五颜六色的风筝在空中飞舞，美丽极了！

　　这时，你来到小溪边，小鱼也会向你招手呢！你还会听见小溪在欢快地流淌着，心情舒畅极了。啊，这里的春天真美啊！

在 成 长

杨千慧

光阴似箭，日月如梭。转眼间，家乡发生了翻天覆地的变化——小巷变大街，一排排低矮的平房变成了一幢幢高楼大厦。在我们的身边，还有许多事物在进行着悄然无声的变化。你瞧！

洋溢着幸福的年夜饭。"开饭喽！"随着我的大嗓门一声呼喊，大家就迫不及待地开吃了。瞧瞧，小舅端着一杯酒，红着个脸，大着个舌头，对我爸说："来，咱…咱俩…干…干一杯！""好嘞！"老爸也不示弱，"感情深，一口闷。来，干杯！"哈哈，笑得我把喝进口中的鱼汤差点喷到了妈妈的脸上。来，大家再看看这饭桌上的佳肴，油爆大虾，糖醋排骨，鲫鱼汤……想必，看到这你一定"口水直下三千尺"了吧！听妈妈说，他们小时候，过年能吃到一顿猪肉就已经很不错了，再看看现在，真是天壤之别！此刻，幸福萦绕在我们每个人的身边……

车站进行曲。正月里，带着满眼的喜悦，在这个万物复苏的季节里，我和妈妈向7路车站走去，准备到亲戚家拜年。

车站两旁种着些花花草草。你瞧！迎春花仰着头儿，仿佛在对蓝天说："你好，你好！"蝴蝶花随着风姑娘跳起了优美的舞蹈，好像在对乘客们说："欢迎乘坐，欢迎乘坐！"再看看乘客们，排成了一条长龙——似乎有谁在无声地指挥，队伍排得整整齐齐。车来了，大家都让老人和小孩先上。瞧，这是多么好的素质呀！上了车，驾驶员笑眯眯地看着大家，广播里传来亲切的声音："欢迎乘坐七路公交车……请上车的乘客扶好扶手。"我和妈妈刚从投币箱里投完币，就有一位年轻的阿姨对我说："来，小朋友你坐。"我说了一声"谢谢"便坐下了。闻着窗边的花香，我想起了几年前的7路车站。

那时，我才四岁，和妈妈乘坐七路公交车，一到车站，只见等车的人挤成团，就像到了菜市场似的，大家都在比谁的嗓门大。"挤什么挤，把我的包都挤掉了。" ……这时，不知谁喊了一声"车来啦！"大家一路狂奔，一窝蜂地挤向车门，小小的车门在霎时间都打不开，我这个"假小子"差点儿都被挤摔倒了，哭着对妈妈说："下次不坐7路车了。"想着想着，亲切的广播声在耳边响起："椰岛鹿龟酒提醒你，四海商城到了，请下车的乘客从后门下车。"将我从回忆中拉了回来，看着眼前和乐融融的一幕，我似乎想起了什么……

如今家乡变了，不光马路变宽了，楼房变高了，人们的生活变富裕了，群众的素质也提高了，像我这样的大嗓门也自觉变成文雅少年了！

成长的蜕变

万志怡

一日日，一年年，看着邻家的姐姐渐渐长高，却天真地认为自己不曾长大。十四岁，一个溢满欢笑的年龄里，蓦然回首，用心思索流逝的岁月，试着从模糊的记忆里摸索出几点浅浅的足迹……

我还是一只无知的蚕，只会不停地吃着桑叶。

堆满玩具的幼儿园里，坐着一个"万事皆通"的我。老师问："太阳在哪里呢？""在这儿！"指着幼儿识字课本上的月亮，我告诉老师，老师微笑，并让我坐下。我纳闷地想：老师为什么不表扬我呢？我是知道的呀！——那年我三岁："不知道自己不知道。"

我是一只蚕，还在吃桑叶，不过，我开始吐蚕丝了。

三年级（1）班的角落里，有个"一问三不知"的我。老师问："你知道周恩来的故事吗？""不知道！""那么你能复述课文里说的故事吗？""不会。""这样吧，你先回答一下课后第三题。""老师，我不知道怎么答。"

我用蚕丝包住了我自己。

五年级（1）班的角落里，坐着一个"怀疑自己"的我。老师问："哪位同学能概述一下藤野先生的特点？"我想出了自己的答案，可一只小手刚刚上抬，却又对自己说："算了，听老师的正确答案吧。要不答错了多没面子，同学们会笑话我的！"角落里刚刚上抬的小手又安安稳稳地放在了桌上，等老师公布答案时，我恍然大悟，原来自己没错。这样的情节总是不断重演——那年我十一岁："不知道自己知道。"

春去秋来，我咬开了蚕蛹，冲出了黑暗，迎来了光明。

六年级（1）班的教室里，坐着一个"积极发言"的我。只因老师说："要勇敢地肯定自我。"老师提的每个问题，我都认真思考，一旦有了自己的答案，便迫不及待地举起手来——不再怀疑自己！因为每一次举手都是一种尝试，一次挑战，而答对后的喜悦则是无与伦比的收获！——那年我十二岁！逐渐"知道自己知道"。

如梦如烟的往事中，我欣喜地发现自己在渐渐长大，欣喜地发现成长不仅在闪光的奖状上，也深深浅浅地印在自己平凡的生活里。

纵然吐丝成蛹的经历漫长而难熬,但变成翩翩起舞的蝴蝶的一刹那,再多的付出也值得。成长的蜕变亦是如此,冲破黑暗,终有光明!前进!奋斗吧!

笑对成长

沈慧芳

这是一个透明的年代,一个纯真的年代。这片纯色的风景,在记忆的胶卷中只是一段单纯的白,却给生命一个快乐的序幕,给成长的味蕾留下一股沁人的香气,恋之芬芳,成长却永远不会为谁的不舍而停留片刻。

这天中午,空气中弥漫着紧张的气味。"喂,老师让你去趟办公室。"班上一位同学拍拍我的肩,对我说。我愣了愣,迈开了沉重的步伐往办公室走去。我想了想自己这几天表现还不错吧,不知道老师葫芦里卖的是什么药……到了办公室,老师那严肃的眼神使我瞬间毛骨悚然,我想定有什么不好的事要发生。果然,因为有几位同学抄袭作业,老师连带我这个组长一起狠狠地批评了一顿。我正准备解释说今天早上我值日,根本没看到抄作业时,老师即刻打断了我的话,还大声说——别找理由。于是我硬生生把这话咽了回去。

回到班上,我委屈地在一旁默默哭泣,心想我在家还没受过这样的委屈呢。回家后,我把事情的来龙去脉告诉了妈妈,问妈妈这件事有我的错吗。妈妈说:"这当然有你的责任,老师既然任命你为组长，就是对你的信任，管理好作业是你的任务。你问问自己有没有承担起这个责任呢？"我豁然开朗，原来这也有我的责任，而以前我并没有对这件事太过用心。

可能成长就是这样，你用全部的热情去努力着，追求着，尽管自己并不清楚到底目标是什么，梦想是什么，只是一股脑儿地投入，不管中途遇到过多少挫折，也不在乎付出或得到了多少，只知道尽情享受其中无限的乐趣。只因为责任，只为在这片空间中弥漫着的糖果般的香甜。

人的一生就类似于鸟类，从"幼雏"到"青鸟"，慢慢成为展翅的雄鹰，只要怀着平和、积极乐观、向上的心态，不管生活中碰到哪些挫折和艰苦，都会像鸟儿一样冲破层层云霄，直冲向天！

长大后我就成了你

陈 诺

小时，曾仰望过经雨洗涤过的苍穹，怀着湛蓝色的心情幻想长大后的你。幻想着你会自由自在地在大草坪上放纸鸢，周围有一大群好朋友，无忧无虑地做着任何自己想做的事，不受任何条条框框的限制，像黑墨在无边际的纸上蔓延、扩展、尽显张力。

然而，理想是美好的，现实却无比残酷。

夜深了，天空黑得有些空洞，四周静得只有打鼾声和奋笔疾书的沙沙声，你的上眼皮和下眼皮直打架，哈欠声也连绵不断，无奈那可恶的作业面目狰狞地盯着你,直叫你心里发毛。只得举起一杯满是茶叶的水往嘴里猛灌。要是以往,早就目、口、鼻甚至每一个器官都会诠释着苦,可现在,你已麻木了,已不觉得苦,继续投身到学习中……

周末,本应是个出去放松身心、陶冶性情的大好日子。可你呢,因之前边做作业边玩,以致将本可以三下五除二就完成的作业拖了两整天。窗外是脆若银铃般朋友们游戏的欢笑声,你听着却感觉像穿耳魔音,使你痛不欲生。

体育课上,看着别人三五成群的谈笑风生,本性活泼的你,离开了那两个你仅有的好友。只因她们人脉广络,又与别人聊着你不感兴趣的话题。就这样,你左手挽着孤独,右手牵着落寞,毫无目的地在操场上无聊地乱逛。

家中,父母怕打扰你学习,让你浮躁的心平静下来。于是,给你开辟出一个小书房,每每你静坐书房,奋笔疾书时,或掩卷沉思时,或心烦意乱时,听到隔壁房间传来父母与弟弟的笑语声,心里很不是滋味。不过,偶然有那么几天,当你完成了各项作业,你也可以走进只有一墙之隔的卧室,也可以融入这笑语声中。

这样的你虽然让我难以接受,但不可避免,小时的我长大后就成了你,你就是现在的我!

你,什么时候最美

我是小球迷

张子涵

看到题目，你一定会好奇地问：你一个女生，怎么也对球类运动这么感兴趣？嘿，不瞒你说，我虽说是一个小女子，但从小就特别爱打球，尤其是羽毛球。只要一提羽毛球比赛我就万分兴奋，狂热度丝毫不亚于任何一个球迷啊！

现在恰好正在举行奥运会，可把我高兴坏了，每天都"抱着"电视机看比赛，而且看得热血沸腾，不住地呐喊，感觉好像身临现场……

首先是激烈的铜牌争夺战，国手林丹对战丹麦小将艾尔森，两人是越战越勇。不出我所料，林丹开局得胜，赢了第一局，我激动得在电视机前大吼大叫，不知情的人还以为我是个神经病呢！可不知怎的，到了二三两局，观众把嗓子都喊哑了（包括我），林丹却还是输了比赛，我虽然有些失落，但更多的还是对林丹的敬佩：他已经三十三岁，本该退役从事其他职业，但他却没有。昨日与马来西亚选手李宗伟比赛时，他早就累得筋疲力尽，但今天还是依旧拼命坚持着。即使他输掉了比赛，我想球迷们也一定会同样敬佩吧！过一会就是总决赛了，我在心里默默地为中国队加油！

十分钟以后，中马两国选手开始了最后的对决。我一会儿喊"好球"，一会儿喊"漂亮"，兴奋得都坐不住了，恨不得冲到电视里为中国小将谌龙加油鼓劲儿。经过两场"天昏地暗"的对决，中国完胜马来西亚，我一下子从沙发上弹了起来，呐喊着："太精彩了！太好看了！太过瘾了！中国胜利了！"看着全场中国球迷流下激动的泪水，我觉得我的呐喊、焦急都没有白费，当看到中国国旗在里约赛场上飘扬时，我已经接近疯狂，在客厅里又蹦又跳，就好像冠军是我自己一样。你们说，我是不是一个名副其实的小球迷？

我是倒霉蛋

张雨林

"叮当叮当……"随着一阵阵上课铃声响起。数学课开始了，同学们飞快地跑进教室，安静地等着老师的到来。教室里气氛有些紧张。

突然，老师站在了门口，神情严肃。我似乎感觉到老师那严厉的目光正直直地盯着我，我心里不禁紧张起来。

老师拿着批好的试卷走了进来，站在讲台上，沉着脸说："你们看看这考的什么东西？"这次和往常不一样，我感觉到事情的严重性，担心自己考砸了。

老师开始发试卷了。当报到我的名字时，我走上讲台，拿到试卷后，我一看，大吃一惊，天啊，竟然不及格！老师严肃批评起我来："你呀你呀，平时还不错，怎么这次这么粗心？"边说边摇头。我羞愧极了，感到同学们的眼光都像箭似的一齐射向了我。我心里默默地念道："求求你，老师，别说了，你别说了……"我恨不能找个地缝钻进去啊！

走在回家的路上，我迈着沉重的步伐，感觉刚才发生的一切好像一场噩梦。我明白，回家之后一定是一场"狂风暴雨"。

忐忑不安地回到了家，我连忙像做贼似的溜回了自己的房间，迅速把试卷藏在枕头底下，心里怦怦直跳。老妈好像看出了我的不对劲，便问道："怎么了，这么慌慌张张的？哦，对了，你数学考得怎么样了？""我……我……"我结结巴巴地说，脸上发烫。我低着头不敢看她的脸。妈妈好像知道我考得不好似的，一把掀开枕头找到了我的试卷，一看分数，拧起我的耳朵："让你藏，让你藏！"边说边操家伙要打我。紧急关头，爸爸走了过来。真是救了草民一命啊。唉，唉，这一天真倒霉啊！

也就是从这一天起，我决心洗心革面，从头开始，不让这倒霉的"悲剧"重演。

说说我自己

杨 瑞

我是一个活泼的小孩，我的身体长得胖胖的，皮肤白白的，眼睛小小的，我还有两颗奇怪的牙齿——是上面的两颗大门牙，我这两颗大门牙向两边长，所以老妈给我起了一个外号，叫"兔八哥"。我还有一个胖嘟嘟的屁股，经常被妈妈轻轻地拍几下，有时还被咬几口，但这是小时候。

我是一个喜欢玩，喜欢看电视，喜欢玩电脑的人，只要有的玩，我什么都能做；我也喜欢运动，比如游泳、踢足球、打篮球，其中我最喜欢游泳，只要下午有时间，我就去游泳，目前我学会了蛙泳、自由泳、仰泳和潜游。

我也喜欢一种乐器，它的名字叫"长笛"，是一种西洋乐器，明年我就要考5级了，开始我还不想学呢。

我有一个特点，讲话像女孩儿一样，还胆小。有一次，我洗澡的时候，我不知道想起了什么，害怕得连水都不敢关，还要等妈妈或爸爸过来才敢关。

你们知道我是谁吗？哈哈！那当然是我啦：杨瑞。

心有舞台

朱 韵

今天，老师到我们班上来征集元旦联欢会的节目，大家都围在老师的旁边踊跃报名。我却对眼前的一切无动于衷，我麻木地坐在座位上，心中又打开了关于联欢会的记忆。

一年前，也是在这个时候，老师来征集元旦联欢会的节目。那时的我很自信，很热情，很勇敢，所以不假思索地报了名，可报名后才知道，这些节目是要经过层层筛选的，不过我相信，自己一定会被选上！

　　终于，我进入了最后一轮选拔：通过了，就可以站在电影院的舞台上充分展现自我。那天下午，我没有上课，去了电影院。当一个个节目在老师面前表演完后，老师开始宣布被选中的节目名单。我高兴地等待着，可是，老师都报完了，我却没有听到自己的名字。顿时，我觉得眼前一片黑，站都站不稳，想哭却哭不出来，闷得实在难受。那天，真不知道自己是怎样强忍住泪水去面对同学和父母的。

　　演出那天，我以一名普通观众的身份出现在观众席上，我呆呆地望着那舞台，望着舞台上活蹦乱跳的演员们，我的心隐隐作痛。但是，我很坦然，一直微笑着看完了整场演出。

　　在之后的红五月、国庆节等几次文艺会演中，我都没有报名，因为我怕再次失败；就在今天，我也没有报名参加联欢会，因为我怕我的努力再次白费，因为我怕我在付出时间、精力后得不到相应的回报。今晚，我的心情是沉重的。

　　我无聊地翻着抽屉，无意间发现了一张纸条，那是我写给自己的一句话："不管今后遇到多大的挫折，都要勇敢地面对！"刹那间，心中的凝重感消失了，我好像突然明白了什么。五年级的我那么勇敢，六年级的我怎能如此脆弱？不参加演出又怎么样？没有歌唱天赋又怎么样？没有展示自我的舞台又怎么样？心有多大，舞台就有多大，在我心中永远有一个角落搭建着我自己的舞台，也许它现在很空旷，但在努力后，总有一天能看到挥舞的荧光棒！

　　现在，我终于可以骄傲地对着天空说："就算风雨覆盖，我也不怕重来！"

第一次骑摩托车

吴思齐

窗外来来往往的车辆中，有几辆摩托车飞驰而过，使我想起了第一次骑摩托车的经历。

那年，我十一岁。大年初一，到四舅家去拜年。

刚进四舅家院子，就发现院中停放着一辆摩托车，乌黑的车身闪着冷冷的光泽，那样引人注目。我挡不住好奇心的进攻，礼物都没放，就向那辆车走去。没料到，正走出门的四舅看见了，他急忙冲过来把我挡在车前："这车可千万不能碰，这是你二舅新买的车，我都不让碰，赶紧去吃饭吧。"没办法，我只得随着四舅一道进门了。

进门就是吃饭，吃完了饭，便与表哥在房间里看电视。但总是静不下心来——外面的摩托车又把我的魂勾了去。正在这时，我忽然听到大人们陆续出门的说话声，可能是去拜年了吧！我激动地一跃而起，丢下表哥，冲到了院子里。摩托车还在！

我细细端详着这辆摩托车，这乌黑的车身，这帅气的尾灯，怎么看都喜欢。正在心痒痒时，我差点惊喜地叫出声来——车钥匙居然在车上！于是，我的心中立刻冒出一个念头——大人们都不在，我得自己骑出去遛遛！

说干就干！我将摩托车往前一推，轮胎便着了地，支架也收了起来。然后我一抬腿跨上了车，回想爸爸骑车时的样子，试着按下电发动开关。没想到，车居然应声而响了。我便慢慢试着转动把手，车吼得更响了，边吼边慢慢向前进。就这样，我慢慢将车挪出了院门。

出了院门，旁边就是一条平坦的马路。看看前面没有人，我开始加速度了。骑车的感觉可真爽，两旁的景物飞快地从身边掠过，头发也在风中抖动着，真是舒服。可没想到，油门越加大，车速也越来越快，骑出两三里路后，我感觉有点害怕了，想减点速度。没想到，悲剧发生了——我一慌张，一下子冲进了一条干涸的小水沟。

水沟不深，也不宽，冲进去后人倒没事，但车弄脏了。这下，可把我急得团团转——我得尽快将车弄上来洗干净，不然二舅还不扒了我的皮？可前看后看就是看不见能帮我的人。没办法，只得自己帮助自己了。

左挪右拽，想尽各种办法，费尽九牛二虎之力，我终于把车弄出水沟。之后，我赶紧将摩托车重新发动，向四舅家开去。不一会儿，就进了四舅家的院子。我抓紧时间停下并支好车，冲进厨房，用水盆端来满满一盆水，洗起车来。

将车草草洗了一遍，发现能应付过去后，我又抓紧时间将车停回了原位。要不，大人们这个时候回来我可就麻烦了。果然，就在我将车停在原位后不到五分钟，大人们就回来了。真险！

我躲进房间里，装作若无其事的又陪着表哥看起电视来。人在看电视，但心却惦记着大人们的反应，耳朵竖起听大人们在隔壁说话。听了好久，没听出什么异样来，我这才长长地舒了一口气，安心地看起电视来……

事情虽然过去一两年了，但每当听到摩托车的呼啸声，我的心都会微微激动起来，并不由得想起那次偷偷骑车的经历……

学做家务

黄瑞琪

在不知不觉中,我已经十岁了。

那一天,爸爸、妈妈都不在家。我觉得家里非常乱,平时在家都是妈妈整理房间,但是我一想到妈妈每天要上班、做家务,还要照顾我,多累啊!于是,我下定决心,一定要让妈妈放松一下。

我打来一盆水,拿来一条毛巾,再拿来一把扫把。扫好地后,我把毛巾放在水盆里弄湿,用湿毛巾将桌子、椅子、地板擦了一遍又一遍,之后又把床单铺整齐,被子叠整齐。做完这些事,我累得满头大汗。

就在这时,妈妈回来了,她惊讶地说:"哟,今天家里怎么这么干净整洁啊,是谁做的?"我微笑着对妈妈说:"您猜会是谁做的呢?""我猜不着。"妈妈说。"是我做的!"我骄傲地说。

妈妈抱起我,吻了吻我的额头,说:"我的宝贝长大了,会帮妈妈做事了。"

我长大了,已经不是从前在妈妈面前撒娇的我了。

给妈妈一个惊喜

周锦程

妈妈说我还小,不能独自出去买东西。我听了很不服气,暗暗憋足了劲,准备找一个合适的机会证明自己。

终于等到了妈妈的生日,我高兴地从我的储蓄罐里拿出100元零花钱,骑着自行车去超市,买了一个十寸的生日蛋糕,然后去菜市场买了两个西红柿、三个鸡蛋,又买了一点肥肉和韭菜。

回到家,我兴冲冲地跑上三楼,开始了我的工作。首先把菜洗好,再往锅里倒油,突然一颗很烫的小油珠落到我的手上,我哇哇地叫了起来。这时我真有一丝想放弃的念头,可是一看菜都买回来了,再想想妈妈经常说的"做事贵在坚持"的那句话,我又有信心了。我把西红柿蛋汤烧好了,就等妈妈回来。我想给妈妈一个惊喜,就把饭菜和蛋糕一起藏了起来,接着又把灯给关了。

不一会儿,妈妈回来了。我把灯一开,说:"生日快乐,妈妈!"妈妈问:"怎么回事呀?"我说:"今天是您的生日,这就是我给您的惊喜。"

妈妈跟着我把饭菜和蛋糕端了出来,我看见妈妈非常高兴。我依偎在妈妈的怀里,心里有一种说不出的快活。妈妈更是紧紧地搂住了我。

帮外婆做手工

陶敏毓

我一直以为自己是个永远长不大的小女孩。

放寒假的时候，我去外婆家玩，看到外婆每天在家里忙着做手工挣钱。出于好奇，出于对外婆的心疼，我一有时间就帮外婆做手工。

开始时我不会做，觉得很难。外婆就一点儿一点儿地教我。我做坏了，就拆掉重新来做。做了没两天，我的手竟起了泡，一碰就疼得龇牙咧嘴。心想，我才做了两天，手就起泡了，外婆每天都做，岂不是很辛苦？我第一次体会到大人挣钱真不容易。于是，我忍着疼，坚持做了下去。

到了快开学的时候，我准备回家了。外婆拿了一些钱给我，我坚决不要。外婆说："这是你帮我做手工挣来的，是你的工资，可以拿去买学习用品。"拗不过外婆，我收下了这些钱。后来，我悄悄地用这些钱给外婆买了她爱喝的牛奶。外婆搂着我说："小丫头懂事了！"

这个寒假，我收获了人生的第一份"工资"，知道了挣钱的不容易，更懂得了长大的意义。

我努力读懂父亲

孙素萍

几片残存的秋叶在枝头挣扎着，终还是随着秋风悄然坠落。

桥上，一位少女与她的父亲告别。他们之间没有寒暄，没有宽慰，没有拥抱，没有一句话。她直视着父亲，他的皱纹又深了，他漆黑的短发中何时增添了一丝灰白。眼睛里积满了泪水，压抑着。在模糊中，父亲那平素漠然的眼神里也有些亮光。颤抖的手伸向自己的女儿，半空中停住了，又缩了回来，默默地转身，父亲背着行囊的单薄背影出现在少女眼中。

记得小时候，总是喜欢坐在父亲的怀中，父亲刚硬的胡须触碰我的脸颊，总把我逗得咯咯地笑。那时的我，不懂什么是忧愁，父亲的怀抱，就是我明亮的蓝天。

曾不懂父亲笔直的脊梁因何而弯曲，不懂父亲俊郎的面容因何憔悴，不懂父亲浓黑的秀发因何而斑白，不懂父亲为什么总是忙忙碌碌，农忙回家，一有空闲就有匆匆出门……望着父亲离去的背影，我仿佛明白了。

风很冷，刺透了我的神经，就似那无力留在枝头的树叶，我也无法留住父亲。多想在孤独时有父亲的陪伴，多想在委屈时有父亲的安慰，多次和父亲说过："爸爸，我不要新衣服，我不想新房子。"是的，这些我都可以不要，我只想，在飘雪的冬夜，有你给我递过一杯冒着腾腾热气的茶；我只想，在节日来临的时候，不要对着话筒一遍一遍地叫着爸爸……望着父亲离去的背影，泪水冲出了眼眶，毫不顾忌地砸落在石桥上。

早应习惯了离分，却不想，每一次分别内心还是那么脆弱，那么无助。自己一遍又一遍地告诉自己：不是诀别，不用那么悲伤，反正又不是第一次，应该坚强地去面对。可心总不受控制，像刀扎一样，鲜血不断地流出，心早已痛得麻木，早已窒息。我一遍遍告诉自己笑着面对生活，我慢慢站起来，努力地扬了扬嘴角，想笑一笑，可泪像断了线的珍珠不断落下。

父亲从不舍得在自己身上多花一分钱，可父亲每次打电话都叫我不要不舍得花钱。父亲的背影是那样单薄，却撑起我们的家，父亲那样瘦，却不得不担起养家糊口的责任。

父亲曾用他那并不宽阔的肩膀背着我，现在仍他用他那不宽阔的肩膀背着我们的家。父亲总想用他那粗糙的手向我诠释什么是爱，用他的脚为我踏平人生的道路，想用他的生命化作火照亮了我的一生……可是，我想对父亲说："爸爸，我需要您的陪伴，而您也该稍稍歇歇了。"

看着父亲离去的背影，那一刻，我好想好想快快长大。

我努力读懂母亲

徐心怡

这个年纪的我们可能很叛逆，很自大。不喜欢父母的管束，甚至还和父母唱反调。如果是以前的我，会认为这些做法是我们这个年纪正常的举动。

直到六年级……

升入六年级后，我迷上了玩手机，虽然我的成绩并没有大幅度下降，可态度已成问题。一次，快要数学考试，我借着查资料的名义向妈妈借手机，她对我说："遇到难题还是自己多动脑筋，总依赖手机不好吧。"于是我很不耐烦地冲撞她："你懂什么呀，有本事你把这题做出来。"当时妈妈的嘴角微微动了一下，缓了缓语气说："好吧。"接着就把手机给了我。我心里一阵窃喜，觉得自己伪装得不错，可殊不知我的话已经伤到了妈妈。

那次考试我的成绩并不理想。那天刮着大风，下着大雨，凉飕飕的。回到家后，妈妈还未下班。我的心里有些忐忑，一直琢磨着该怎样为自己没考好找个理由而不用受骂。终于等到门铃响了，我跑下楼去为妈妈开门，只见妈妈的衣服已经被雨淋湿透了，身体冻得瑟瑟发抖。可当她见了我，便立马笑着关心地问我："女儿，今天学校过得怎样？上课有好好听吗？"我愣了一下，有点不知所措。"哦，你饿了吧？我马上就烧饭啊，你上楼看书吧。"她说。"嗯、哦、哦……"不知怎的，我的鼻子酸了酸，连话也说不好了。我心里很愧疚，想着妈妈为我付出了那么多，我却这样回报她，我决定告诉她我的成绩，并心甘情愿挨骂。"妈，这次数学考试我没考好。"我说。不难看出，妈妈的脸上有些小失望，但她还是拍拍我的肩鼓励我说："不要紧，下次努力。"看着妈妈那满是老茧的双手，我只想说："妈妈，对不起！"

自那以后，我决定改过自新，所作所为都要对得起自己，对得起父母。如今我的成绩恢复了原状，也更能读懂母亲的辛劳。

曾经的我不懂母亲笔直的脊梁因何弯曲，不懂母亲美丽的容颜因何憔悴，不懂母亲浓黑的秀发因何斑白，不懂母亲大半辈子的辛劳究竟为了谁……但今天，我懂了，或许我的回报是微不足道，但我会倾尽我所能来报答你，我的母亲！

妈妈的眼泪

王婧怡

从小到大，妈妈在我心中是"女强人"，只会笑不会哭，可就在四年前的一天，我第一次看到了妈妈的眼泪。

那天，我和妈妈正在看电视。忽然，我的手机响了。接通电话，那头传来外公沙哑的声音，他呜咽着对我喊道："婧怡，快！快叫妈妈来县医院！"我转告给妈妈后，妈妈立刻带着我一道赶到了县医院。

　　抢救室外，舅舅红着眼圈在妈妈耳边嘀咕了几句，妈妈慌张起来，跟着外婆和舅舅来到抢救室外。抢救室门上的灯是红色的，一种可怕的红，如血一般。不一会儿，又转为绿色，是一种安心的绿、希望的绿……

　　我们等了好半天，一位满头白发的老人被推出来了，但没有停留，而是向别处推去。我认出来了，是太太！太太怎么了？

　　妈妈与舅舅迎上医生，但医生只说了一两句，就推开他们走了。舅舅转过身来发现了我，红着眼圈叫我去看看太太。我心颤抖起来，该不会……

　　走到一个黑黑的房间里，太太被白布盖起来，外公在大哭。妈妈揉了揉眼睛，眼睛里闪着泪光。我过去抱住妈妈，试图给予安慰。可是妈妈的眼泪还是不争气地流了下来，泪水布满整个脸颊，一颗又一颗如豆的泪珠流到我的手背。我惊呆了，第一次见到妈妈哭，哭得这么伤心。我这才真正知道，太太要永远离开我们了。

　　死是一个什么概念？就是一个人完完全全不能活动，没有思想，没有生命。生老病死是一个人必须经历的事，谁也不能改变。

　　看着泪流满面的妈妈，看着已经离去的太太，我不知所措——我不能做点什么去安慰妈妈，只有任由妈妈把所有痛苦和在泪水里倾泻而下。平时，妈妈是多么坚强啊，可那天却哭得如泪人一般。

　　清明节又要到了，时间虽然已逝去四年多了，但我仍清晰地记得太太从抢救室被推出来的场景，记得妈妈那如豆的泪珠……

我与父母的"战争"

程 宇

老爸已经光顾很多次了。

我手持笔，低下头做沉思状，恨不得将房门锁起来，把老爸拒之门外。

这是我在周末的最后一项作业，也是我与老爸老妈之间一场硝烟四起的战争。

我的老爸，是一个向来爱与我作对的人。这不，就因一件小事引起了我与老爸老妈之间的三次大战。

"偷梁换柱"之老爸篇

表面上看起来，我像是在认真写作业，可实际上我正在偷看抽屉里的漫画。我一趁老爸离开，便偷看两眼。

可是，这一切真的就是那么顺利吗？

果然，拥有一副"千里眼"的老爸，不一会便看出其中的蹊跷。

正当我专心致志地看漫画时，老爸早已神不知鬼不觉地躲在门后窥视很久。直到现在，我还认为我当时真是太聪明了。

老爸看着看着，心生一计。

只要我一离开房间，他就找准时机，偷溜进去，大干一场……

当我再次翻开书时，上面竟写着："会当凌绝顶，一览众山小。"是语文。我又翻开一页，"等边三角形……"是数学。我接连翻开了好几页，"pig, pig……"。"1901年签订《辛丑条约》"。"老师与同学应当……"这竟然不是我的漫画书了！我心想，这定是家中"老贼"所为，不由得火冒三丈。

最终，我毅然决然地决定"兵发"厨房。

"孙刘联合"之老妈篇

我想，单凭我一己之力是无法与老爸这个狡猾的"家伙"相抗衡的，因此我决定去求助"东吴"老妈，与之合作抗击外敌。

经过我的一番软磨硬泡，老妈她最终答应助我一臂之力。

有了这坚强的后盾，我自然是天不怕，地不怕，就连对待老爸的态度也与以前大不相同。

老爸见"孙刘"已联合，心生一丝恐惧，但为了维护自己的"霸主地位"，只好硬着头皮与我们一争高低，但在气势上也成"强弩之末"。老妈见老爸此等阵势，火气立刻就上来了，冲着老爸大声呵斥，雨点似的唾沫狂风暴雨般的向老爸飞去。老爸一见形势不妙，服服帖帖地将宝献给老妈。

"楚汉之争"之完结篇

当我欢欣鼓舞地向老妈讨要漫画书时，老妈她似乎并不想把书交还于我。于是，我又被迫向老妈发起挑战。最后，老妈居然同意将漫画书交还于我，但与我"约法三章"：一、好好学习；二、好好努力学习；三、好好更加努力学习。

最终，老妈所提要求我一一答应，并拿回了我的漫画。

这三场不见硝烟的战争终于结束了，我与老爸、老妈之间的纷争也最终落下了帷幕。

美丽的校园

胡馨叶

我们的校园是美丽、整洁的，它坐落在繁华的芜湖中路上，每天早晨我们迎着朝阳走向校园，映入眼帘的是"芜湖县实验学校"七个醒目的大字。

走进校园，你会被这儿的景色所吸引：一棵棵高大的香樟树笔直地挺立着，像一位位战士保卫着校园。小路右边是我们的教学楼，名叫教真楼，每间教室宽敞、明亮，从中传出同学们琅琅的读书声，同学们在老师辛勤的教育下遨游在知识的海洋中。教学楼前是一排排花坛，花坛里种着许多花草树木，给校园增添了生机。春天，草木吐翠，秋天，桂花飘香。操场边有三棵引人注目的大树，一棵是朴树，有一百多岁了，还有两棵三角枫，它俩像好兄弟一样肩并肩地站在一起。下课了，同学们像小鸟一样跑到操场上，操场上热闹起来了，到处是同学们欢声笑语。

往前走，是两个宽阔的篮球场，左边是行政楼，右边是学真楼。学真楼是五六年级同学学习的地方。楼前有长长的紫藤花架，碗口粗的藤缠绕着长廊的柱子。初夏，紫藤架上绿叶成荫，淡紫色的花儿散发出馥郁的香气,同学们在浓密的绿荫下看书、休息。沿着篮球场旁的小路往前走,可以看到塑胶操场,绿色的操场,红色的跑道,主席台有庄严的升旗台,每到周一,五星红旗在国歌声中冉冉升起。在操场旁边有运动器材,同学们正在操场上锻炼身体。

美丽的校园我的家,这儿不仅是我成长、学习的乐园,更是我童年放飞梦想的天地。

三月的校园

潘书洵

三月,校园的草芽已被我们的读书声惊醒,绿了,绿了!一大块,一大块的,毛茸茸的,透在这里,长在那里。最可爱的是大树下的草,好奇地探出小脑袋,幸福地依偎在大树妈妈的怀抱里。

假山旁,有一条曲折的人造沟渠,一米多宽,婀娜地绕着假山缓缓流淌。课下的我们最爱在这儿寻找金鱼的模样。只见红色的金鱼在里面快活地游来游去。阳光照过来,小沟渠波光粼粼,仿佛沟里藏着数不尽的钻石。假山旁的柳树最早发芽了,柳条软软地垂下来,好美!每次路过,我都忍不住用手轻轻摸摸,多像仙女的长辫子,上面的嫩芽多像五线谱上的小蝌蚪呀!再仔细一看,柳絮已从枝条上冒出来,真调皮!

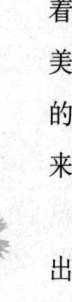

最神奇的还是教学楼两旁的广玉兰花了,光秃秃的枝干上竟然开出了那么多洁白的花朵,就像一群群鸽子停在树枝上,又像一盏盏明

灯，仿佛要给夜晚的校园照亮。

我们这些孩子，吵吵闹闹地要大人们放学接我们时带来风筝。我们牵着五颜六色的风筝在操场上飞跑。不一会儿，蓝蓝的天空变得五彩缤纷，天空下是一阵阵快乐的笑声……

三月的校园真美！三月的我们真快乐！

你，什么时候最美

杨 慧

芜湖，春天的时候最美。公园里有桃花、杏花、梨花等各种各样的花开放了，万紫千红，一片芳香。小草们也苏醒过来了，开始新的生活了。

天空中，小鸟唱着动听的歌儿，在自由地飞翔。孩子们放的五颜六色的风筝在空中飞舞，美丽极了！

这时，你来到小溪边，小鱼也会向你招手呢！你还会听见小溪在欢快地流淌着，心情舒畅极了。啊，这里的春天真美啊！

你，夏天的时候最美。走进陶辛水韵，你会看见一大片一大片碧绿的荷叶，中间衬托着美丽的荷花，散发出淡淡的香味，还有好吃的莲子哦！快去欣赏这美丽的风景吧！

快看，快看，东湖公园的夜色更是美丽，五颜六色的灯光真好看。抬头望着天空，天上的星星亮晶晶的，闪闪发光，像一颗颗宝石一样。萤火虫夹杂在人群之中，点燃它们的小灯笼来装扮我们芜湖夜晚的美啊！

　　更热闹的是游泳馆，里面有许多人在游泳，有的仰泳，有的蛙泳，有的自由泳，还有的在戏水，打成一片，可热闹了。我很喜欢游泳的感觉，所以我比较偏爱美丽的夏天哦！

　　芜湖，秋天的时候最美。走进田野，看农民伯伯正在收获成熟的庄稼，满脸带着笑容，给人感觉很有成就感。

　　快看，果园里的果子也快成熟了，有像葫芦似的梨子，有像小灯笼似的柿子，有酸甜的橘子等各种各样的果子，这时候我们的小馋嘴可忍不住要去采几个品尝品尝哦！

　　秋天到了，天气渐渐地变凉了。宁静的校园也变得热闹起来，孩子们在认真地接受老师交给他们的新知识呢！啊，芜湖的秋天真美啊！

　　芜湖，冬天的时候也很美。冬天，鹅毛般的大雪下着，下着。一会儿，地上铺上了雪毯，树上披着银装，到处一片洁白。

　　雪停了，雪地里的孩子们，有的堆雪人，有的掷雪球，有的打雪仗，玩得可开心了。住在房子里的老人们，趴在窗户上，看着美丽的雪景，不由得赞叹："多么美丽的雪景呀！"芜湖的冬天也很美吧！

　　啊，我的家乡芜湖，原来一年四季都是如此的美丽啊！

蚂蚁搬回爆米花

静静的冬夜,窗半掩,月半明,风起帘舞。一盏温柔的灯,一本打开的书,一个端端正正坐在桌前读书的人,没有丝毫倦意。

不是名画胜似名画

黄逸圣

我的书房里有一幅美丽的水墨山水画,名为《山景》。

这幅画虽远不及名画那般华丽、多彩,但能透露出一股朴素、淡雅、脱俗的美。这是我爸爸的一位朋友送来的,我爱不释手,真是"敝帚自珍"。

整幅画描绘的是一片远离城市喧嚣的清幽山林的景象。整幅画近乎一种墨绿色,给人以舒适惬意的视觉之感。其间有怪石嶙峋的山峰、飞流直下的"瀑布"、葱葱茏茏的树林,岚烟深处的亭阁……那逼真的景象,巧妙的构思,令我赞不绝口!

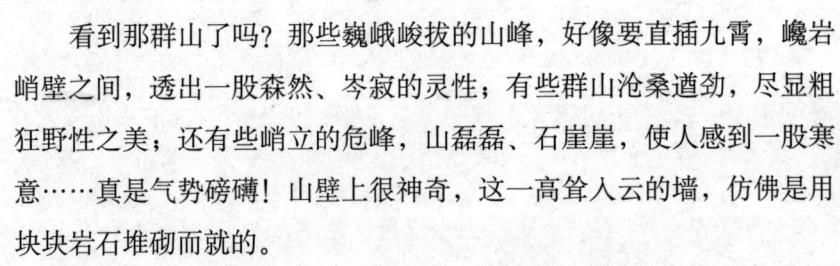

看到那群山了吗?那些巍峨峻拔的山峰,好像要直插九霄,巉岩峭壁之间,透出一股森然、岑寂的灵性;有些群山沧桑遒劲,尽显粗狂野性之美;还有些峭立的危峰,山磊磊、石崖崖,使人感到一股寒意……真是气势磅礴!山壁上很神奇,这一高耸入云的墙,仿佛是用块块岩石堆砌而就的。

山石间,一股涓涓细流潺潺直下,是一帘优雅娴静的瀑布。中间还悬挂着几处礁石。山水相映,充满了诗情画意。

中景是一片苍郁的树林,每棵树枝繁叶茂、翠色欲滴。裹着一圈缥缈的岚烟,如纱、如雾、如屏……在这清新的绿色中,如果突然出现几点红色,会不会更加醒目呢?可谓"万绿之间一点红"。这便是来形容山间小亭的。

远处,一群大雁掠过天空。是去觅食?是归巢?是南飞?还是游览风光?

这幅画别具匠心,令人陶醉其中,十分惬意。我把它放置在我的小天地里,是为了减少一些枯燥,陶冶情操,使我这个并不大而又窗明几净的房间更加美丽!

只有热爱生活的人们,才会创造出这样的艺术作品,给人带来美的享受!

常愿清词醉明月

盛明玥

静静的冬夜,窗半掩,月半明,风起帘舞。一盏温柔的灯,一本打开的书,一个端端正正坐在桌前读书的人,没有丝毫倦意。因为有你,哪来乏意?手起,书响,呢喃。漫过岁月,穿越时空,由远及近,一位才华横溢的女子,姗姗而来,是你吗?我,不由自主跟随你的脚步,轻轻走进你的世界,一页页,一行行,一字字,让我深陷其中,不能自拔!

与你初次相遇,是在那年夏日的傍晚,芳香四溢的荷花丛中,一叶扁舟荡过水面,游兴未尽的一代才女轻倚船头,沉醉其中,口中不由吟道:"常记溪亭日暮,沉醉不知归路,兴尽晚回舟,误入藕花深处，争渡，争渡，惊起一滩鸥鹭。"寥寥数语，似随意而作，却又惜墨如金，字字含有深意。瞬间的神情，瞬间的动作，瞬间的音容，与瞬间的荷塘美景联成一个完美的整体。如此的才情，深深地折服了我。我知道，你，就是我心中不灭的灯火！

"寻寻觅觅，冷冷清清，凄凄惨惨戚戚……"又是一年梧桐夜雨，你，无法安息，一壶薄酒，三杯两盏，把一个愁字醉成了一场雨，拨开一片清冷，便是寂寞锁清秋。你，看着"满地黄花堆积，憔悴损，正伤心"。你，身逢国破家亡夫死的不幸遭遇，苦闷孤寂，无可寄托，若有所失。你，多年背井离乡，那颗残碎的心，早已凌乱如许。家，已不能回；心，已无处归。你这一生，被这漫天的愁绪所包围，闺愁、家愁、情愁、国愁，这次第，又"怎一个愁字了得"！全词到此，戛然而止，此刻的你，心中结愁，景景含愁，通篇韵愁，全词未见一滴泪，却是"一字一泪，满纸呜咽"。罢，罢，罢！愁情似水长，此恨绵绵无绝期……你，也曾想过上阵杀敌，可苦于你是一个弱女子，无法精忠报国，只能用诗句来抒发自己的爱国情怀，《夏日绝句》就是最好的证明！

伴着子夜，越过千年，我走过"知否？知否？应是绿肥红瘦"的青涩率真；走近"绣面芙蓉一笑开，斜飞宝鸭衬香腮"的风情万种；走过"此情无计可消除，才下眉头，却上心头"的孤独惆怅；走近"莫道不消魂，帘卷西风，人比黄花瘦"的相思绵绵；走过"物是人非事事休，欲语泪先流"的清冷无奈；走近"生当作人杰，死亦为鬼雄"的男儿气概。你，学富五车，词动京华。在那个年代，你无疑是枝头的一朵奇花，凛冽的寒风摧残着你，寂寞深闺和萧条庭院禁锢着你，你却不甘落地，依然倔强盛放，溢出特有的清香。你的才气，你的理想，你的抱负，你的顽强，铸就了你绝世的孤独，又成就了你冰冷凝绝的美，在中华文坛史上，盛世绽放！

清照，读你的夜晚，常有一轮明月高悬于我的天空，让我的世界一片清澈，一片明朗，我愿在你编织的文字里去沉醉去成长……

品味读书的快乐

汪友胜

在我们村的农家书屋，我可以尽情品味读书带给我的快乐和感悟。

读书，如一场春风拂面的风儿，吹去我心灵的尘埃，吹散世间的烦恼忧愁；读书，似一场久旱后的绵绵细雨，滋润我干涸的灵魂，浇灌渴望知识的心灵；读书，像一只闪耀的灯塔，照亮我前进的道路，指引我们大胆追逐梦想；读书，让懵懵懂懂的我变得成熟，变得稳重，变得洒脱，学会如何做好一名学生；读书，让天真无瑕的我学会分清美丑善恶，明辨是非，不断长大，学会如何向农民群众传递正能量；读书，让我从无数仁人志士的思想中读出人生的真谛，让我从英雄模范的感人故事中重温人性的至善至美，让我从众多艰辛人生的历程中体味到勇于与命运搏击的力量和意志，让我从众多优秀的大学生村干部案例中学到做人做事的方式与方法。农家书屋的建立，弥补了我小学时光贪图玩乐未曾好好读书的遗憾，让我深深地置身于知识的海洋中，不断吸取营养和智慧；农家书屋的建立，更让我深深地爱上了图书，钟情于读书，进而享受到了人世间最大的快乐，因为快乐，我更加钟情于农家书屋，循而往返，在快乐中享受人生。

畅游书屋，与书为伴，其乐融融，乐在尽情翻阅，便可修养身心。诗歌的潇洒精悍，散文的飘逸韵味，小说的严谨朴实，漫画的奇特诙谐，神话的浪漫唯美，童话的纯真善良，歌词的美妙温馨，无不让我的心灵受到深深地熏陶，受到切切地震撼。故事里了解其人其事，书法里感受汉字的刚劲，新闻报道中体味语言的精炼，任何一种书籍都是我们人生道路上必需的营养品，不可或缺。畅游书屋，与书为伴，其乐融融，乐在陶醉其中，忘却人生的烦恼。开心时，读书让我们的胸怀更加宽广，眼界更加提升，朝着自己的方向勇敢飞翔；失落时，读书让我们彷徨的心不再迷茫，畏惧的心变得坚强，露出微笑继续追逐自己远大的梦想；烦恼时，读书让我们纠结的情绪不再缠绕，平静我们的内心，坚定我们的信念，塑造出乐观向上的心态，努力为这个世界传播好消息，传递正能量。

　　自从村里有了农家书屋，书屋的灯光便点亮了小村的夜，孩子们的欢笑声打破了村委会院子里沉积已久的静谧。村子的夜不再孤寂，我的生活也不再单调。置身于农家书屋，陶醉于知识海洋中，徜徉于智慧天空下，我感觉到春天来了芳草的气息，我感受到秋天到了收获的喜悦！"生活里没有书籍，就好像没有阳光；智慧里没有书籍，就好像鸟儿没有翅膀。"我愿做一只神勇的雄鹰，在书的海洋中自由翱翔，寻找到一片属于自己的蔚蓝天空，找寻到一个属于自己的人生坐标！我更愿做一只导航灯，管好用好书屋，鼓励带动村民们多读书，读好书，用自己的切身读书感受引导激励大家一起读书，一起品味阅读的快乐！

铭记在心中的故事

郑 慧

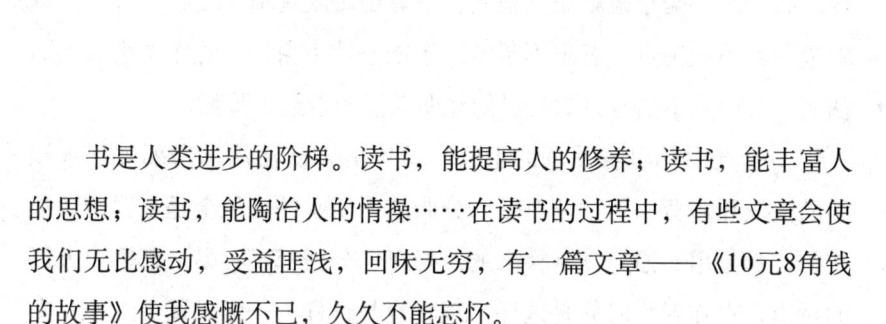

书是人类进步的阶梯。读书，能提高人的修养；读书，能丰富人的思想；读书，能陶冶人的情操……在读书的过程中，有些文章会使我们无比感动，受益匪浅，回味无穷，有一篇文章——《10元8角钱的故事》使我感慨不已，久久不能忘怀。

文中的"我"以优异的成绩考取了高中，但因家中负债累累无比贫困的缘故而不能继续上学。母亲让"我"和妹妹摘麻果挣学费。几天下来，我们都被晒黑了，手指头的皮也磨薄了。时间一长，肩头也被磨破了。我们每天流下小河似的汗水，承受蚊虫的叮咬，是那么劳累、辛苦。开学的前一天，母亲和我们卖掉了麻果里打下来的麻籽，得到十元八角钱。

十元八角钱对我们现在来说，真的是微不足道的，但在作者小时候，却是一笔"巨款"。为了继续读书，作者以自己稚嫩的肩膀挑起了生活的重担，日复一日，早出晚归，这十元八角钱浸透着作者的汗水与鲜血！

"最难受的是到了晚上，我们的双手像浸在辣椒水里，最后连饭碗都不能捧了。再看看几个手指头，皮磨得薄薄的、红红的、皱皱的，快要渗出血来。"现在的孩子，哪个不是有一双白白净净、光滑细嫩的小手？而那时的孩子因劳苦做事，双手都受伤了。为了自己的学费，他们只能自己动手，独立自主，受点伤已是再平常不过的事。他们已经默默地扛下了生活的酸甜苦辣。而我们，什么事都是爸爸妈妈来做，自己衣来伸手，饭来张口，难道不应该做些力所能及的家务事吗？

"我咬着牙坚持到家，放下担子在昏黄的灯光下一看，原来肩头被扁担磨破了一大块皮，鲜红鲜红的。"现在的独生子女都娇生惯养，有一点小磕小碰就娇气地哭，一有困难就害怕，在心中打了"退堂鼓"，不敢前进，意志不坚定，不能坚持不懈，看看作者小时候的伤痛，我们是不是应该为自己的软弱动摇而羞红了脸呢？

"空气中弥漫着蒙蒙的尘雾，厚厚的麻灰沾满母亲那被汗水浸湿的头发和肩背。"一分耕耘一分收获，所有的成果全是辛勤劳动换来的，都是用心血与汗水换来的。挣每一分钱都不容易，都需要人们的付出，在作者小时候是这样，现在也是这样——父母每天工作、上班，每一分钱都是来之不易的，都饱含着父母的血汗，而我们"坐享其成"，是不是要好好反思一下，不能浪费、乱花父母的钱呢？

看完这篇文章，我感到无比惭愧，文中的孩子自己挣钱，十分节约、珍惜，以后，我一定会更节约用钱，珍惜拥有，回报父母，《10元8角钱的故事》也会一直铭记在我心中。

家乡的葡萄

宋大炯

在我的家乡,最常见的一种水果莫过于葡萄了。它们的样子圆溜溜的,就像蚌壳里的珍珠,所以我常叫它们"玉珍珠"。它们之中,很少有"独生子女",基本上都是"多胞胎",一个个都被母亲用"脉线"串联了起来。

它们穿的外套,颜色也各有不同。有的雄性葡萄,为了得到雌性葡萄的青睐,而穿上了燕尾服和紫色旗袍,极力想让自己变成一位绅士。而有些雌性葡萄,战战兢兢的,颇没自信。它们把所有的青春,都集中在了自己的青装上,遇到满意的雄性葡萄时,马上青春爆发,向"公子"们装嗲。

它们的味道,也各有不同,有的葡萄,散发出阵阵清香。哈哈,那说明它看上了你,正在向你发嗲。咬它一口,能尝到一种青春的味道。有的葡萄,你细细品尝,能尝到一种优雅高贵的味道,那说明它肯定出自豪门。当然,也有的葡萄,你轻轻咬一口,能感到一阵深深的失落,那可能是它要与好朋友分手了吧……

家乡的葡萄,都有一个属于自己的世界,一个复杂的情感世界。它们魅力无穷,名声在外。

夜　雨

宁远晴

　　如同千万缕轻丝，笼罩了远处的房屋；又好似无数轻捷柔软的手指，在谱写着一曲动人的乐章。一场雨，在夜里，悄然而至！

　　雨点儿纷纷落地，溅起一朵朵雨花儿，如同白莲，又好似洁白的衣裙。在寂静的夜晚显得耀眼、夺目！

　　雨花的美，转瞬即逝，人们还未来得及细细观赏，它竟已消逝！人们想要留住雨花，留住它的美，但却瞬间明白一个道理：有些东西，注定是留不住的……

　　雨花的生命似蜻蜓点水般短暂，但它却来得如此热烈而深沉！万千朵雨点儿曾在此刻绽放，开放出骄傲的花儿，又在下一刻灭亡，留下的，是一道道水渍和叹息！珍惜当下吧！珍惜这一场夜雨的美！

小 草

章新颖

"没有花香,没有树高,我是一棵无人知道的小草……"每当我唱起这首歌,眼前会出现一棵棵绿油油的小草、一片片青翠欲滴的芳草地。

也许小草是大地上最渺小的生命了,孤零零的一个小生命,只有一寸来长,一两片叶子。然而,每当春天来临,不论是广袤的原野,还是岩壁的缝隙之中,只要拥有丁点儿的容身之地,它们就会紧紧拥抱那方土地,生根发芽。它们需要的不多,一线阳光、一滴雨露、一缕春风,就足以让它快乐地成长。

小草是春天的使者,是绿色的精灵。它们虽然毫不起眼,没有更多的关爱,却努力向上,从不向风雨雷电低头。它们也不像鲜花那样招人喜爱,展现的却是自己旺盛的生命力。

如果山野没有小草,山野便一片荒芜;如果大地没有小草,大地便没有生机。你看,只要有小草的地方,那里鸟欢唱、花芳香,它们手挽手,抵抗暴风骤雨的侵袭;它们肩并肩,连成宽阔的草坪,装饰着城市乡村,美化人们的生活环境。小草从不与娇嫩的鲜花争奇斗艳,也不与树木争夺生存的空间,它只是默默地衬托着美丽的花朵,衬托着挺拔的大树。

我想起了唐朝诗人白居易的诗句:"离离原上草,一岁一枯荣。野火烧不尽,春风吹又生。"我爱小草,爱它的朴实无华,爱它的坚韧不拔,更爱它蓬勃向上的情怀。

听夏夜中那些美妙动听的声音

许欣怡

在这美妙的夏夜,有着许多美妙动听的声音。

听,田野里,青蛙们在开演唱会呢!独唱,大合唱,样样皆有。它们的演唱会地点可是随处可见,如果你想听,就快去田野里找它们吧!

看,水面上荡起了波纹,是谁在作乐呢?噢,是调皮的小波浪在作曲,"哗哗哗",给这宁静的夏夜增添了无限美好,无限清凉。看,鱼儿在水中游来游去,不时还上来吐吐泡泡,那吐泡泡的声音好听极了,虽非常微弱,但只要你用心去体验就可以感受到这种声音的动听与美好。

听,树上也开起了演唱会,这个演唱会的主办方是谁呢?原来是夏夜的使者——可爱的蝉,它的声音令我心旷神怡,不知不觉中,我已经被这种声音陶醉了。

看,下雨了,下雨真舒服啊!飘飘洒洒,正好解除我们夏日的炎热与烦恼,小雨点"滴滴答答",让我们感到夏夜的美妙与宁静。

雨停了,起风了,风吹来凉爽,它在我耳边留下了悄悄话,留下了它对夏夜美好的祝福。

啊！夏夜中一切都是那么美好：青蛙，波浪，蝉，夏雨，风，鱼儿，都是夏天的符号。夜中，那些美妙动听的声音给我们带来了愉悦，带来了我们对生活的感慨和向往。

我家的小金鱼

宋修虬烨

我家鱼缸里养了3条小金鱼，可爱极了！

每天我放学回去的第一件事就是看望金鱼。你看，它们浮出水面对你摇头摆尾，好像是在欢迎小主人的归来呢！我呢，也不会亏待它们的热情。我会拿出鱼食，用小勺子一点儿一点儿地把鱼食撒进鱼缸里，鱼食全部都漂浮在水面上，我边撒边说："小金鱼们，多吃一点儿，快快和我一起长大吧。"它们似乎能听懂了我说的话，都聚拢过来争先恐后地抢食吃。

瞧！它们美丽的尾巴，忽上忽下，忽左忽右，就像一个个小舞蹈家在跳水上芭蕾，又像是调皮的孩童在主人面前卖弄它的机灵与活泼。其中最活泼、个头最大的要数那只黑金鱼了。看，它那两只眼睛就像戴了黑边框眼镜似的，不停地朝你挤眉弄眼，仿佛在说："小主人，你看我长得最帅气，身材最好，你是不是能给我多吃点啊！"于是，我不忍心看它无辜的眼神，就朝它多撒了一点儿。这时另外两只金鱼不乐意了，都纷纷围过来，用嘴巴拱它，好像都责怪它的自私。

再看那条宝石蓝的金鱼，小巧可爱它数第一。它一只眼睛平平的，另一只眼睛却鼓鼓的，个头也最小，可它的尾巴却是最漂亮的，当它尾巴张开时就像仙女裙一样漂亮。这两只金鱼都不是我的最爱，我最喜欢的是最普通的那只金鱼。它没什么特色，也不漂亮，就像混在人群中毫不起眼的我。可是我就是喜欢它，喜欢它的简单与平凡，喜欢它慢吞吞的性格，喜欢它不和别的金鱼争夺"地盘"。

这三个可爱的小家伙真的给我的生活增添了许多欢乐呢！

每次我给它们喂食时，小绿都迫不及待地爬过来，用嘴轻轻触碰一下，好像鉴别一下有没有危险，等它确定没什么危险之后，就会狼吞虎咽地吃起来，生怕小黑过来抢似的。

两只小乌龟

潘美玲

我家养了一对可爱的小乌龟，一只黑黑的，一只绿绿的。它们的小脑袋是椭圆形的，脑袋上镶嵌着一双水灵灵的圆眼睛，像在清水中洗过的绿宝石。眼睛下长着一张弯弯的小嘴，背部的龟壳上有一种规则的图案，很好看。我给它俩各起了小名，黑色的本地龟叫小黑，绿色的巴西龟叫小绿。

它俩吃肉的时候可有趣了！每次我给它们喂食时，小绿都迫不及待地爬过来，用嘴轻轻触碰一下，好像鉴别一下有没有危险，等它确定没什么危险之后，就会狼吞虎咽地吃起来，生怕小黑过来抢似的。

小黑呢，则在一旁眼巴巴地望着，好像很想吃的样子。每次它都要等到小绿吃饱喝足后爬走了，它才爬过来，然而肉早已不见踪影啦。看着它可怜兮兮的样子，我立刻让妈妈再切点肉，放到它的旁边。这时小黑都会迅速地爬到肉旁，心满意足地吃起来。真好玩！

你一定想象不到，它们也有团结的时候。有一次，小绿在家待闷了，想溜出"家门"去散散步。它不停地爬呀爬，费了九牛二虎之力，还是没能成功地越过这道玻璃屏障。小黑也爬过来，盯着小绿，它们好像在商量着什么。刚开始我很迷惑。过了一会儿我发现，小绿爬到小黑的背上，然后两条前腿不停地往玻璃缸上爬，后腿立在小黑坚硬的龟壳上。呦，它俩想翻越玻璃缸爬出去呀。它们反复试了好几次，还是没成功。对此我也不抱什么希望，就到房间看书去了。当我出来准备看电视的时候，眼前的一幕把我吓了一跳，小绿已经成功爬出"家门"来了，正在地板上溜达呢！

这两只可爱、团结的小乌龟就像我的好朋友，带给我无限的欢乐。

为什么我斗不过蚊子

张语馨

我躺在床上，终于可以美美地睡上一觉啦！

正当我睡意蒙眬时，一只讨厌的蚊子在我的耳边得意地唱起歌来。我被蚊子悠扬的"歌声"吵醒了。"该死的蚊子，我要扒了你的皮，抽了你的筋！有本事你就飞到我脸上来，看我怎么收拾你！"

蚊子真的落到了我的脸上。哟，小蚊子你的胆子够肥嘛！我得意地想着，悄悄举起了手，只听"啪"的一声，"哈哈……这下你死翘翘了吧！"我打开灯来到镜子前，想看看我的战果。啊！蚊子没看见，我的脸上却多了五个手指印。我气得受不了，打算和蚊子决一死战。我在房间里四处寻找，可就是找不到它的踪影。难道它已经吃饱、喝足，到角落里睡大觉去了？

我仰天长叹：为什么自己斗不过一只小小的蚊子呢？

蚂蚁搬回爆米花

翟成睿

有一小只蚂蚁出去找食物，走着走着突然看到像山一样高的白色不明物体挡住了它的去路。它停下脚步定睛一看，原来是粒爆米花，他凑上去闻闻香味，馋得口水都流下来了。他迫不及待地想要把这粒爆米花搬回洞中，于是它鼓足了劲儿，开始推爆米花。它左推一下不动，右推一下还是不动，它上下左右来回推动了好多次，这粒爆米花才滚动起来。它慢慢地把爆米花推到了一座山坡上，这时的它累得满头大汗。它看看山下，再看看爆米花，二话没说，只听"嗖"和"啊"的一声，爆米花被它推下了山，它自己也顺带滑了下去。

它快速地爬起来，心想着"我得找伙伴们帮帮忙。"随后它又想道："不行，万一它们来抢走了爆米花怎么办？我还是自己搬吧。"

它一直推一直推，累了就歇一会儿，然后继续，后来遇到了几个小伙伴，大家都过来帮忙，刚开始这只蚂蚁急得不得了，它担心大家会抢走它的食物，后来大家帮它把爆米花搬回洞中，就回家了。蚂蚁觉得如果没有大家的帮助，它也完成不了这个任务，于是它就去邀请大家一起来享受这份"美味。"大家陆陆续续地来到洞中，早就被这爆米花的香味馋得口水直流。大家很快就把爆米花分开了，贪婪地吃了起来。这时，不知从谁的口中说了一句："你真是我们的大英雄！"小蚂蚁开心地笑了。

街头的吆喝声

朱　韵

　　我居住在小镇古朴的老街上，这儿到处都是参差不齐的小瓦房，偶尔的几栋楼房在老街显得很显眼。这里的闹市区透露出现代的气息，高楼林立，马路上的车子来来往往。而无论在老街还是在闹市区，吆喝都是一道亮丽的风景。

　　早晨，我睁开惺忪的睡眼，一阵吆喝声就从窗外飘来："卖——发——糕——噢！"听起来像一个中年妇女的声音，又像一位老奶奶的声音。虽然我从未吃过发糕，但通过这拉长的吆喝，仿佛就闻到了发糕的香味，觉得发糕一定很好吃。

　　有时在放学时能见到一个中年男子骑着自行车，车后放一个大篮子，车前面的喇叭里传出吆喝声："卖——大馍噢！"这是男子的声音，声音十分洪亮，刚健有力，不像女声那样拉得很长，人们听到这吆喝声有的就赶忙从家里跑出来买大馍。

记得有一次上数学课时，从窗外传来一阵妇女的吆喝声："卖——五香螺丝噢！"同学们听了都发出阵阵笑声，也许同学们都觉得这尖厉的声音十分好笑吧。五香螺蛳那香甜的感觉不觉漫遍我的全身，不由得流起了口水。

在闹市区，服装店门口总有喇叭在吆喝着什么"全场十九元""名牌打折"，人们闻声止步，向店里走去。这声音很平淡，只是内容给人以吸引力，便宜货谁不要呀？有时里面挤得连立足之地都没有，这吆喝可真有吸引力呀！

在现代气息越来越浓厚的今天，我们的文化生活也越来越丰富，但同时，可千万别忘了把吆喝这一文化保留下来，让后人们都能感受到吆喝的独特魅力。

我爱吃手抓饼

赵文剑

在湾沚众多有名气的小吃中，我最喜欢"美食街"上的手抓饼。

"老板，来一个手抓饼！"老板一边答应着，一边熟练地拿起一个黏黏的手抓饼雏形放进了平底锅里。我浏览了一遍菜单，对老板说："再放一个鸡蛋和一块里脊肉。"老板在冰箱里拿出一块里脊肉，又顺手在一旁拿了一枚鸡蛋，里脊肉很快就与平底锅来了一个亲密拥抱，鸡蛋也"磕破了头"。三样食材在锅里翻滚着。不一会儿，手抓饼煎好了，鸡蛋与里脊肉成了夹心，被包在里面，如被囚禁的犯人。

看着金黄的手抓饼，我不禁馋涎欲滴，忍不住咬了一大口，细细咀嚼。手抓饼外松里嫩的气息回荡在嘴边，里脊肉的香味和鸡蛋的鲜味"穿梭"在牙齿的空隙中，从舌尖流淌到肺腑，让没有食欲的人也会狼吞虎咽起来，让"吃货"赞不绝口。简直是色、香、味俱全，是美食中的"佼佼者"。

吃着香喷喷的手抓饼，心里都洋溢着幸福的味道，这种幸福是沉浸在美食里的欢乐。虽然只是普通的食材，也能吃出佳肴的美味。

你能不爱这手抓饼吗？

我爱校园

姚文杰

美丽的校园，人人喜爱。我们的校园就像三种花：玫瑰花、菊花、桂花。

早晨的校园就像一朵含苞待放的玫瑰花。美丽的朝霞掩映着校园，新的一天新的开始，她犹如一位仙女，是那样的美丽、动人。校园的早晨会让你十分迷恋，因为只要你停下细细的脚步就能感觉到阵阵花香扑鼻而来，是那样的独特、美丽。

中午的校园就像一朵朵盛开的菊花，既美丽又鲜艳。菊花的香味很独特，还有五彩缤纷的颜色，就像我们小朋友的妈妈烫的卷发一样。在放学的时候，你会看到很多这样的花在校园里舞动。

晚上的校园像桂花一样让人宁神、安静。没有了白天的欢声笑语，没有了同学老师忙碌的身影，夜晚的她显得格外安静。夜晚的灯光洒在校园里就像桂花的颜色一样黄黄的，小小的。

这就是我的校园，每天带给我们不一样的感觉，我爱我的校园！

我的爸爸

王莹

我的爸爸是个司机，满头乌发中夹杂着几根不显眼的银丝，宽宽的额头一笑起来就有了几道皱纹，炯炯有神的眼睛里闪烁着智慧的光芒。

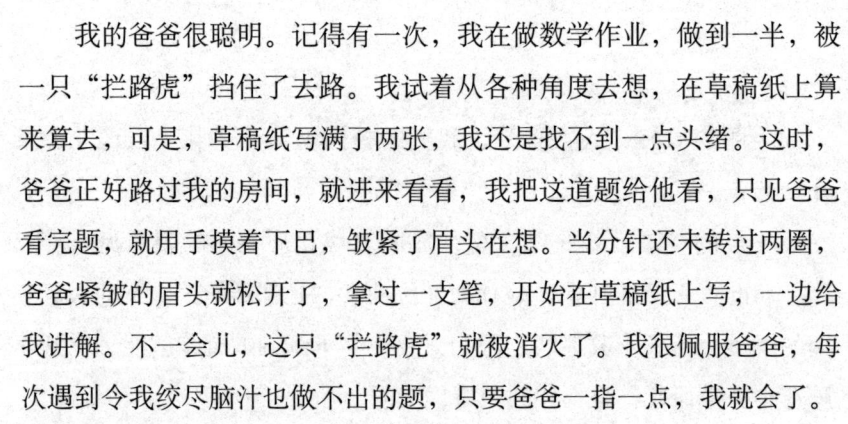

我的爸爸很聪明。记得有一次，我在做数学作业，做到一半，被一只"拦路虎"挡住了去路。我试着从各种角度去想，在草稿纸上算来算去，可是，草稿纸写满了两张，我还是找不到一点头绪。这时，爸爸正好路过我的房间，就进来看看，我把这道题给他看，只见爸爸看完题，就用手摸着下巴，皱紧了眉头在想。当分针还未转过两圈，爸爸紧皱的眉头就松开了，拿过一支笔，开始在草稿纸上写，一边给我讲解。不一会儿，这只"拦路虎"就被消灭了。我很佩服爸爸，每次遇到令我绞尽脑汁也做不出的题，只要爸爸一指一点，我就会了。

我的爸爸不仅是个好父亲，还是个孝顺的好儿子。

前些天奶奶住院了，爸爸每天都放弃午休去芜湖看望奶奶，晚上又匆匆忙忙地回来。在奶奶动手术那天，爸爸为了及时赶去，凌晨三点多，天还未亮就出去工作了，九点多回来，和我们一起匆匆忙忙地扒了两口饭就去了芜湖。到了医院，奶奶已经在手术室里了。爸爸就在走廊里焦急地等待，时不时向紧闭的手术室大门望几眼，虽然并不是什么大手术，但奶奶一出来，爸爸就急忙上前把奶奶的活动手术床推进电梯，还时不时说着一些安慰奶奶的话，十分贴心。看来"久病床前无孝子"这句话并不适合爸爸。

这就是我的爸爸，一个聪明的好父亲，细心而又孝顺的好儿子。

我给自己点个赞

潘显慧

人的一生总离不开别人的赞美，也时常会去为别人点赞，但请记住，最重要的还是给自己点赞。因为，给自己点赞，能给自己带来自信，带来勇气与力量！

体育向来不是我的强项，最令我头疼的就是跑步了。上学期体育测试，第一项测八百米，我只在全班女生中排名第十九，虽说后面还有十多个女生比我慢，但我这个成绩在班级只能算中等偏下了。我想：这可不行，"三好生"必须是德智体全面发展。如果体育不行，就不能被评为"三好生"了，我一定要把体育赶上来。

从那以后，每次体育跑步或是冬季长跑时，我都会坚持跑下去，每当自己累得气喘吁吁，想要放弃时，我总想：加油，加油，就差几米了，马上就要到了，一定要坚持下去！每当自己坚持下来跑完全程时，我都会为自己点个赞，感到高兴。就这样坚持与努力，两个多月过去了……

第二次八百米测试又开始了。在测试前，我想：考验自己这些天努力成果的时刻来到了，一定要加油啊！测试开始，第一圈，大家都是体力充沛，速度比较快，但到了第二圈，有些人体力开始渐渐下降，速度明显变慢了，甚至有些人中途停下来开始走了起来。虽然我也很累，但我尽量不让自己停下来，努力向前跑着。终于要到冲刺的时候了，尽管我的体力已经所剩无几，但心里还是默默地念着：加油，坚持就是胜利！一百米，八十米，四十米，二十米，五米，两米……耶，终于到了！我累得瘫在地上。功夫不负有心人，通过我的坚持与努力，我进步了十名——第九名，我高兴极了！为自己的进步喝彩，我为自己点了一个"大大的"赞，这个赞包含了我长期以来的"汗水"，包含了此时此刻的喜悦，包含得太多太多……

为自己点个赞吧，它会激励你在人生道路上超越自我！

我给自己写封信

董淑明

亲爱的自己：
你最近好吗？

我是这个世界上最了解你的人，也是和你待在一起时间最多的一个人。不久前发生的一件事情，让我为你感到自豪，因为你懂得了"放下"。

那天，你的那位可爱的小表妹来做客。小表妹本就十分可爱，再加上穿了一件黄色连衣裙，扎了两个马尾辫，更显得俏皮。当她嘟起小嘴叫你"哥哥"时，那声音就如同涂了蜂蜜一般，让人听着心都快要融化了。你很喜欢她，一直都想和她玩。

"哥哥，快过来，好漂亮的拼图啊！"小表妹喊道。

正洗苹果的你听了心里一惊，会不会是我的明星拼图？你慌慌张张地跑向客厅。果然，正是你放在茶几上的那份拼图。那是一盒看起来清新简约，上面印有各种各样明星的拼图。看来，你的拼图不保了。

"哥哥，这盒拼图好漂亮，可以送给我吗？"小表妹拽着你的大手，用满怀期待的眼神望着你。

向来对她百依百顺的你此刻却犹豫了。还依然记得那个生日晚会，你最好的朋友把这盒拼图送给你时，你那激动万分的样子。这是你早就心仪的拼图，它象征着最好的朋友对你的祝福和你们之间那无比深厚的友谊。

此时，小表妹忽然开始对你撒起娇来："哥哥，哥哥，你最好了！"

你望着她那渴望得到拼图的眼神，你心软了。你把拼图送给了小表妹，尽管你心里还是有一丝的失落。

在那一天，小表妹很高兴，因为你给了她你的最爱。

同样，在那一天，你也很高兴，因为小表妹是那样的快乐。

你知道吗？当你放下了冷漠，你也会得到更多的快乐；当你放下了烦恼，你也会得到更多的收获；当你放下了名利，你也会得到人们的爱戴；当你放下了遗憾，你也会得到更多的享受。

最后，我想对你说："人应该学会放下，痛苦和遗憾只是短暂的。"我为你感到自豪！

祝学业进步！

我努力读懂友谊

鲁胜瑞

回忆往昔，有太多的乐与伤伴随着友谊与我的生活接轨。我想努力地读懂友谊，它却像一个孩童三番五次地捉弄我，让我捉摸不透。与朗的交往，让我真切感受到了：友谊真是个奇怪的"小家伙"。

郎是我最好的朋友，我们几乎每天都黏在一块儿，同学们总开玩笑说我们是块牛皮糖，扯也扯不开，而和气的语文老师也曾打趣道："除非是亚欧大陆分裂，把你们分到海洋两岸，才能分开你俩哦！"郎总是能带给我许多欢笑，我们经常中午坐在学校的大枫树下，一起谈天说地——从新开的游乐场谈到美国的第51区；从乘坐的公交车谈到神奇的空间站……"哧哧"的笑声于枫树间回荡。如果那枫叶是苦的话，那我想此时也会被我们感染，会比蜜还要甜。

生活并不是每天都甜甜蜜蜜的，有时也会夹杂苦涩。我和郎的友谊也是如此。本以为会一帆风顺、地久天长下去，可没想到一次意外的摩擦也会使外表坚强的友谊迅速分崩离析。清晰记得那是劳动技术课。我们花了一上午时间，做了两艘模型小船，完工后，郎拿着我的模型高举在手说："看，多么完美的工艺品！"同学们的目光全都聚集来，我听到了"啧啧"的赞叹声，心里更是美滋滋的，虚荣心也跟着膨胀到了一个高点，因此忘记了手中更精致、完美的朗的小船。突然冒失鬼小河冲进了教室，撞到了朗的身上，朗高举着的手曲了下来，那手中的船来了一完美的抛物线落在了地上。

"咔擦！"零件散落一地的声音，格外清晰、刺耳，班里的各种喧嚣戛然而止，灿烂的笑容顿时凝固，眯着的眼睛瞬时睁大，身上的血液立即沸腾，"你……你怎么可以这样！"伴随这句话的是我狠狠把朗的小船向地上砸去！

"嘭！"更大的碎裂声回荡于沉寂的教室，随之是我怒奔的身影，踏过船的碎片，留下惊愕的朗，留下一片窃窃私语。

哎，我那时可真"威风"呀！

接下来两天，我一个人上学，一个人吃饭，一个人回家，做所有一个人的事。

第三天，课间时，靠在枫树下，一人独自天马行空地乱想，当之前什么也没发生。

第四天，心里有一丝空虚。

第五天，空虚蔓延开来。

……

又是一周，星期一放学后，空落落的感觉占据我整个人，不止一次，我想冲上前去，同朗道歉；不止一次，我想拉着朗一起吃我们最爱的麻辣烫；可面子如铅石般灌满了我双腿，让我寸步难行。

可能是老天爷的眷顾吧，老师竟安排我俩值日。我低着头，拿着扫把，漫不经心地四处乱掸，心想：他现在是什么样子？或冷漠？或开心？还是会幽怨？尴尬在一点一点扩展，我的心仿佛打翻了五味瓶，他是否亦如此？

沉默……

沉默……

我终于抬起头，惊愕地发现他正望着我，眼神在空气里对接，我的心跳漏了一拍。

"你……"

"你……"

"哈哈！"他莫名地笑了起来，我也笑了起来。我仿佛看到四分五裂的小舟以肉眼可见的速度拼装起来了。笑声扫走了近日以来的空虚，扫走了空气中的阴霾，迎来了枫叶的火红。之后，又可见两个身影靠在枫树下谈天论地，笑声随轻风荡漾……

我想友谊到底是什么？它或许就是一笑泯恩仇吧！它给人快乐，给人安慰，给人幸福！要想友谊地久天长，还得需要理解，需要宽容，少一些猜忌，多一份豁达。这就是我读懂的友谊！

我努力读懂人生

吴珍珍

前不久，读到过这样一则故事：一个书生跟着书法家学习书法，他用旧报纸练字，一直没有进步，便去请教书法家。书法家叫他用最好的纸试试，果然，他的字进步神速。书法家说："你用废报纸写字时，总会感觉在打草稿，而用最好的纸，你就会用心去写，字也就肯定会进步得快。"

看完这个故事，我触动很大。我知道作文可以打草稿，数学可以打草稿……但人生是不能打草稿的。其实，一张张"纸"就是我们人生的答卷，你若胡乱比比画画时，那你就糟蹋了你的人生答卷了。

记得昨天，我跟表哥学颠乒乓球。表哥是个颠球高手，一次能颠三百多个，我羡慕极了。可是奇怪了，那球一到我手里就不听话了，每次颠到十多个时，就掉。我灵机一动，把三四个球抓在手里，掉一个就换一个接着颠。我本以为这一次我一定能颠几十个了，可结果却大大出乎我的意料，第一个球颠了五下就掉了，第二个更惨，只颠了两下……当我把手里的球全部颠完时，总共才颠了十五下。这……这是怎么回事啊？一旁的表哥看出了我的心思，笑着说："老妹，你这样颠球是不会有进步的。你总觉得后面还有很多的备用球，你就不会用心去颠，不信你只用一个球来试一试！"果然，按照表哥的话，我扔掉那几个球后，竟一次颠了一百多个。

现在想想，那几个球不也是生命中的一次次机会吗？当你认为掉了不要紧，"备用球"还有很多时，实际上，我们也在与生命中的机会擦肩而过。

人生中有许多"废报纸"和"备用球"，我们应该好好珍惜他们。人生没有第二次，只有把生命中的每一天都当作最好的纸，我们才能写出精彩的人生。

外婆家的小院子

杨 越

外婆住在乡下。她家门前有一个小院子，那儿非常漂亮。

勤快的外婆把她的院子装饰得能与皇家园林比美，有花，有草，有树，还有一只叫"贝贝"的小狗。

春天的时候，迎春花开了。一朵朵花儿整齐地排列着，吹起一片金色的喇叭，好像在告诉大家："春天到了，春天到了！"前方阳光下的杏树捧出了无数朵粉红色的杏花，有的还是花骨朵儿，有的才张开一半，有的已经完全盛开了，如同小姑娘粉嘟嘟的笑脸。脚下，小草也迫不及待地探出翠绿的小脑袋，也好奇地看着这美丽的院子。我不禁吟诵起来"又是一年芳草绿，依然十里杏花红"。

外婆的小院子里，不仅有花朵和小草，还有高大挺拔的大树点缀着小院。夏天的时候，那些树苍翠欲滴，十分茂密，一堆叠着一堆，一团挤着一团，形成了巨大的树荫，给我们乘凉。在院子里，除了享受绿荫，还能观看美景。一阵微风吹过，大树就翩翩起舞，还有那纯自然的伴乐声，"沙沙、沙沙……"真好听！

光有植物的院子，似乎还是有些冷清了，多亏有了只可爱的小狗"贝贝"，才给这院子增添了无限生机。小狗"贝贝"长着一身乌黑的毛，摸起来又软又暖，像摸在棉花上一样，当它蜷成一团睡觉时，好似一个黑绒球。"贝贝"喜欢在石榴成熟前抓破几个，喜欢在高大的树上美美地睡上一觉，喜欢抓着树木荡秋千。尽管如此，我们也不会责怪它，只有外婆看见了，会笑呵呵地责备它几句，而它是"汪汪"地叫着逃到院子的角落里去了。

我爱外婆的小院子！

春天的新生

　　我是一株小草,一株普普通通、没人注意的小草,我和同伴都住在一座山坡上。
　　这里不单单有我们,这里还有五颜六色的花儿,有活泼可爱的蝴蝶,还有那调皮可爱的蜜蜂。自然,讨人喜爱的是他们。经常有小朋友去逗逗那些在花丛中翩翩起舞的蝴蝶,去赞美蜜蜂的舞姿,去嗅嗅那散发着香味的花儿。花儿、蝴蝶、蜜蜂都是好朋友,相互说着亲热的话儿。只有我们,无人理睬。

我爱菊花

唐子轩

金色的落叶像蝴蝶一样翩翩起舞,从枝头落下,沉甸甸的果实挂在枝头,它们告诉人们:"秋天已经来了!"在天高云淡的金秋时节,菊花露出了可爱的笑脸,似乎要把它的全部生命展示出来。

秋姑娘有一盒五彩缤纷的颜料。她把黄色给了稻子,把白色给了棉花,把红色给了柿子,把橙红色给了橘子,菊花仙子得到的颜色就更多了,雪白的,淡黄的,紫红的,火红的……白的如雪,红的似霞,我最喜欢黄色的菊花。细细的花瓣稍微卷起,像阿姨的卷发,又像过年放的烟火,令人赏心悦目,朵朵花儿绽放,真是美不胜收。

菊花各有各的姿态。在绿叶的衬托下,有的欣然怒放,露出嫩黄的花蕊;有的微微张开,像刚刚睡醒的小娃娃;有的还是花苞,看起来快要开放了。秋风一吹,菊花频频点头,好像在说:"你看,我多美丽,你们快来欣赏我!"

我爱菊花的美丽,更爱它的品行。菊花不像有的花儿需要人们的呵护,在邻居的小院里,在尘土飞扬的小路边,它都能顽强地生长。她不像桂花那样有浓浓的香气,也不像红艳艳的玫瑰那样引人注目,更不像牡丹那样高贵华丽。她经过春天的萌芽,夏天的生长,秋天才开放,让萧瑟的秋天不那么凄凉。大革命家陈毅爷爷,写过诗赞美

它：秋菊能傲霜，风霜重重恶。本性能耐寒，风霜能奈何？是啊，在刚强的菊花面前，风霜又能怎样？

我爱千姿百态的菊花，更爱它耐寒的意志。

我爱小草

胡心悦

春节，去奶奶家拜年。奶奶到菜园地里挖白萝卜，挖出了一团团盘丝错节的小圆球，紧紧地挨挤着。奶奶告诉我，这是小草的根，春天，它就会吐芽。这时，我想起了小草。

一望无际的草原，美在小草，是一颗颗小草将草原装扮得如此美丽。小草美丽、倔强、无私，有顽强的生命力。

春天，冰雪融化，冬天的寒冷立刻变成了春天的温暖。这时，小鸟们飞来唱着、跳着。小鸟们的歌声唤醒了许许多多娇嫩的小草，当娇嫩的花朵躲在温室里时，而小草却像一群活泼可爱的孩子，从大地母亲的怀抱里，调皮地伸出小脑袋探视着大地。

虽然它们那么细嫩，那么娇小，那么软弱，却不畏严寒，迎着乍暖还寒的春风跳起了欢乐的舞蹈。它们一个个都挺起胸脯，穿上绿色的纱衣，像一个个绿色的小天使，给人们带来春天的消息。

盛夏，下起了大暴雨，豆大的雨点横冲直撞，把小草打得东倒西歪。

雨过天晴后，小草们竟然抬起了那娇嫩的头，坚强地爬起来，抖抖身上的泥土，倔强地向太阳公公微笑。啊！它们长大了，经过暴风雨的洗礼后，它们变得更加翠绿，更加粗壮。人们更喜欢它了。

深秋，它们一个个换上了枯黄的衣裳。秋风吹来，小草们真冷啊！可是它们还是挺直了身子，任凭冷风地吹打。它们的根紧紧抓住大地，积蓄力量。正如诗人说的一样："离离原上草，一岁一枯荣。野火烧不尽，春风吹又生。"

小草的精神多令人感动啊！我想做一颗平凡的小草，快乐、坚强地面对每一天，为大地母亲献出一生的绿色。

我爱小草！

春天的新生

居文慧

我是一株小草，一株普普通通、没人注意的小草，我和同伴都住在一座山坡上。

这里不单单有我们，这里还有五颜六色的花儿，有活泼可爱的蝴蝶，还有那调皮可爱的蜜蜂。自然，讨人喜爱的是他们。经常有小朋友去逗逗那些在花丛中翩翩起舞的蝴蝶，去赞美蜜蜂的舞姿，去嗅嗅那散发着香味的花儿。花儿、蝴蝶、蜜蜂都是好朋友，相互说着亲热的话儿。只有我们，无人理睬。

当我看到人们那么爱惜花朵，那么喜欢蝴蝶、蜜蜂时，内心充满着悲伤。我渐渐自卑起来，开始拒绝参加风婆婆的演唱会，开始不去理会和我说话的露珠，开始不去聆听百灵鸟姐姐的动听故事。

直到那天，一个雨后的清晨，就在我唉声叹气的时候，一个小女孩牵着妈妈的手一起走过来。"妈妈，你看小草多可爱。"她惊喜地叫起来，声音是那样动听、甜美。

我不再低头，眼前明亮了起来：终于有人夸奖我了！我挺直了腰杆，抬起头颅。如果她能听懂我的语言，我一定要向她道谢，感谢她对我的鼓励！

我开始精神抖擞起来，眼睛似乎看见草坪上"不准践踏小草"的牌子；耳边似乎响起了人们时常吟诵的"野火烧不尽，春风吹又生"的声音。自信，一点一滴地重新回到我身边。这句话给予我的不只是赞美，更是我生命的阳光，带给了我这样的自信、快乐与生机。

我渐渐明白，其实命运是握在我自己手中的！自信的我，也慢慢成了这块草坪上最亮丽的一道风景！

我为花儿红

张俊杰

"花儿为什么这样红？为什么这样红？"阳春四月，当我们踏着轻松的步伐，哼着愉悦的小曲，在乡间漫步，在野外游玩时，你是否又想到这幸福的生活是谁给我们创造的呢？

日复一日，年复一年。我们淡忘了许多回忆，但人们不会忘记我们现在的幸福生活是谁用生命换来的：用血肉之躯举起炸药包的董存瑞，用胸膛堵住枪口的黄继光，面对敌人的拷打而坚贞不屈的江竹筠，面对死亡的铡刀而从容不迫的刘胡兰，还有一些为民族独立、国家富强而献出生命的人。他们的名字无人知晓，他们死后马革裹尸、埋骨他乡，甚至坟前没有墓碑！

是他们，是他们！

淞沪抗战三个月，我广大官兵同仇敌忾，斗志昂扬，以劣势装备和血肉之躯，冒着敌人现代化装备和陆、海、空联合作战的猛烈炮火，十多万将士献出了宝贵生命，硬生生打破了日军的计划！

武汉保卫战历时四个半月，毙伤敌人近四万人，但我军也损失3万余人！

太原战役历时两个多月，我军伤亡十万人以上！

台儿庄大捷在历时半个多月的激战中，取得了重大战果，但中国军队付出了巨大牺牲！

……

花儿为什么这样鲜？为什么这样红？因为它是用了青春的血液来浇灌的。是他们的鲜血染红了花儿，是他们使祖国腾飞，让世界震撼。他们是真正的勇士，用自己的生命为我们开创天空，开创沃土，开创那安定幸福的生活，他们是中国人民的真正脊梁。

幸福的一代啊！我们未经历过战火纷飞的磨难，未经历过"屋漏偏逢连阴雨"的生活，未经历过吃野菜甚至是吃皮带的岁月，未经历过……

珍惜吧，这一代！你可以专心地坐在安静的教室里读书，你可以衣食无忧的生活，你可以沉醉在书本、电视、电脑里……

少年智则国智，少年富则国富，少年强则国强。英勇的先烈们用生命换来了现在的和平，在和平时代我们将用自己的活力来建设祖国。只有这样，我们才不愧对那些日夜期盼当今幸福生活的烈士们，才能让祖国的大地上永远盛开鲜艳的花朵！

晒晒咱班的"牛人"

王静怡

咱九班"牛人"多——这是众所周知的事。有每次大小考试几乎都稳居全班第一的学霸"慧姐姐",有虽年纪轻轻但治班有方的一姐"小班",有跑得快跳得远的体育全才"飞姐姐",但最牛的还是接下来几位。

NO.1——敢说敢做之倩姐

她短短的头发利落地扎起来,齐眉的刘海整整齐齐,架着一副斯斯文文的眼镜,腕上戴着粉色的手表,再配上英伦风范校服和甜美的声音,活脱脱就是一个好好学习天天向上的乖乖女。但你可不要被她清纯秀丽的外表给迷惑了,她可是我们班上说一不二的侠女,全班同学都规规矩矩地喊她一声"倩姐"。她为人豪爽,快人快语,连班主任老陈也敬她三分。运动会期间,我班同学受到不公正待遇,她二话不说就冲到班上"噼里啪啦"地开始爆粗口,说完了才发现老陈也在班上。她面不改色地把事情汇报给老班听,老班倒也不计较她刚才那一段略带粗俗的话。

倩姐的敢打抱不平之事不胜枚举,她是咱"九头鸟"之班当之无愧的大姐大。这个"牛人"就是——张倩倩。

NO.2——暖萌歌王之大白

她齐耳短发蓬松地盖在头发上，圆滚滚的脸上两个小酒窝特别可爱。她人缘很好，每次逢年过节都能收到来自全校各班的很多的礼物，她萌萌的外表和暖暖的性格俘获了众人的心，人送外号"大白"。大白有一个让自己引以为傲的头衔——音乐课代表，而且她确实担得起这个称号：没事儿就唱个小曲，从中文的到各种外文的，从儿歌到网络神曲，从20世纪70年代的到时尚新歌，凡所应有，无所不有。大白的声音特别有磁性，去年的元旦晚会上，她自弹自唱的表演真是帅呆了！这个长相呆萌、性格暖心、唱歌好听的"帅哥哥"就是——张梦遥。

NO.3——装疯卖傻之小雷子

他是我们班的开心果，只要有他的地方就笑声一片。他的长相也引人发笑：大大的耳朵、细细的脖子，配上总在搞怪的脸，不当喜剧演员真是可惜了。所以，他与另一搞笑大神陈浩天并称"逗乐二兄弟"。他乐观开朗，就算别人怎么捉弄他不仅不会生气，反而故意"装聋作哑"逗我们开心。如果我们班少了他，真不知会要少了多少乐趣哩。这个让人笑得肚子疼的"牛人"就是——吴振雷。

这三位"牛人"可真是酷毙了吧？正是因为有了一位位个性鲜明的同学，我们的校园生活才变得如此丰富多彩，才创建了一个别具特色的"九头鸟之家"。

同桌的冤家

程大炯

看过伍美珍姐姐的《同桌冤家》后,我便想起我们班同桌间的三个小故事。

阴阳同桌

要说我们班级里最不和谐、反差最大的同桌,莫过于我和我的同桌朱琦了。我和朱琦在班级里,可是一道"绮丽的风景线"啊!我酷似美国的纯白人,她酷似非洲黑人,营造出一种莫名的美国情境。我俩坐在一起感觉就像幅"太极图"。"阴阳同桌"这一绰号由此而来。我们总是闹误会。有一次科学课上老师迟迟不来,班级里"人声鼎沸",男女生互相倾诉着对方欺负自己的经过。我倾诉着自己被女生围殴的经过,心里升起一阵快意。谁知我的同桌不悦了,她误认为我是变相地在说她,结果……(此处省略一千五百九十六个字,)我们都被班长记在了"光荣榜"上(或者说讲话榜)。

事故频发的同桌

同桌相处,难免会发生一些"恶性事件"。其中,发生事故最多的,就是黎孝峰和周宇彤这一对同桌了。黎孝峰是我们班有名的调皮蛋,不少同学遭到他的"黑手",而周宇彤……我也找不出什么好的形容词来形容她了。成绩中游,外貌没有什么显著的特点,可以用"中庸"来形容吧。当然,周宇彤也没少遭到黎孝峰的"毒手",身上经常是青一块紫一块。周宇彤所打的小报告不计其数,仍然杜绝不了黎孝峰的恶习,还避免不了遍体鳞伤的厄运。无论老师怎样"上刑",爽朗的黎孝峰最多脸红,而后又去寻找下一个"受害者"。让我记得最深刻的是一件微不足道的事。像我们所有人一样,他们也划分了"三八线"。有一次,黎孝峰不小心过了界,周宇彤就毫不留情地把黎孝峰推回至"领土"以外,还给他减小了"辖区"。黎孝峰对其"恨之入骨",还在背地里给周宇彤贴上了"霸道同桌"的标签。哎!他们俩怎么闹得像开展了"第三次世界大战"呢?

性格差异最大的同桌

要说这班级里性格差异最大的同桌,莫过于洪子立和刘轲了。他们可是一对奇葩同桌啊!先说"男子汉"刘轲吧!她绝对是女生中的佼佼者。性格爽朗,敢于挑战,捉弄人也是一绝。而洪子立则性格懦弱,好像老天爷把他们的性别调换过来了似的。正因为如此,所以刘轲总爱捉弄洪子立,偏要把洪子立逼到男厕所方止。你别看洪子立如此爽朗,一见到刘轲他就如同失了魂一般。唉,可怜啊!

吃货的家乡情结

陶雨洁

上次听闻老妈直言不讳地对老班说:"我家这孩子呀,一点都不好学,心里就装着两件事:一是吃,二是玩。"我顿时满头黑线。唉,老妈,你这么直接真的好吗?把我说得跟草包似的。

我是个不折不扣的吃货。破壳日偏偏提前预产期一天。要知道预产期的日子多吉利呀,"1.18"的谐音"要要发",可我径直跳过了土豪的日子,"1.17"的谐音是什么?"要要吃!"这就是三分天注定。更巧的是我生活的这座小城啊,依山傍水,是富饶的鱼米之乡,美食更是应有尽有,这么有利的环境也只占四分。你若问还有三分呢?那就是本人还有一个厨神级别的老妈,她是医生,懂得营养搭配,她做的菜不仅色香味俱全而且营养丰富。这样就造就了我这枚吃货。

话说回来,今天老班让我们写"我最喜欢的一道湾沚小吃",我的脑磁波在大脑中来回波动,肉夹馍、鸡蛋饼、手抓饼、土家酱香饼、小豆现磨豆浆、疯狂小龙虾……天哪,我吃过的小吃竟然这么多!不过最喜欢的吗,当然要数豆腐脑了。

豆腐脑又名豆花,是一种豆制品。我爱吃的豆腐脑是农贸市场那家的。那家有一位和蔼可亲的阿姨,她整天在那间小的只能容纳一个人的摊位上忙碌着。冬天的清晨，我骑车到农贸市场，阿姨将一个不锈钢桶揭开，一股热气扑面而来，身体霎时变得暖和。阿姨是个老实的生意人，三元一碗的豆腐脑，她总是用一个大大的勺舀一勺，再一勺，直到将碗盛得满满的。那白嫩嫩的豆花冒着热气，像牛奶般稠密，让我禁不住直咽口水。阿姨围着条围裙，手脚利索地让人看不清，她撒上碾碎的蒜末、花生，拌上葱花，然后浇上自制的汤汁，红乎乎的，最后撒上一小撮海米。那个味儿想着都垂涎欲滴。她的摊前总是排着不短的队伍，大家都等着那一碗热乎乎的豆花。她麻利地打包好，就开始招呼下一个心急如焚的客人了。

豆花捧在手心热乎乎的，我从来都不会顾及自己的形象，吃货就吃货吧，"吃货"总比"痴货"好。我一手捧碗，一手拿勺，走在冬日的大街上，看碗里红的、绿的、黄的，早已按捺不住，一边哈着气，一边将滚烫的豆花舀进嘴里。啊，豆香，蒜香，葱香，花生米的香，还有海米的鲜和着辣油的劲儿，一齐混在口中，挑逗着我的味蕾，让人欲罢不能。于是呼噜呼噜，三下五除二，一口气吃完，舔尽嘴边的最后一丝余味。此刻鼻涕一把，眼泪一把，整个人都热乎乎的了，甚至还冒出了一层细细的汗珠。真舒服啊，好一碗神仙羹！

后来在酱味馆（连锁饭店）也点过豆花，上菜时只见外观甚是好看，豆花用木桶装着，几碟调料干干净净，别有一番趣味，只是味道差了许多，再没有那让人酣畅淋漓的感觉了。我的舌尖不满足这个只有外表好看的豆花了，我还是喜欢那农贸市场小摊上小小的一碗颜色好看到让人垂涎欲滴的豆花。那是大豆的味道，虾米的味道，花生米的味道，香葱的味道，那更是不加修饰的家的味道，湾沚的味道。

我是吃货，我为美食而生，我喜欢每一次舌尖上的体验，我喜欢各种口感的碰撞，其间夹杂着惊奇的火花。我爱美食，我更爱那种家的味道。以后的以后，无论身在何方，我的味蕾不会忘记家的味道，因为它从心而生，温暖而明媚，根深蒂固！

我们班的作文课

沈心彤

快上课了,这节课老师要点评作文。那站在教室门口,手捧一大沓作文本的就是我们的新语文老师——叶老师。

叶老师有短短的头发,大大的眼睛,小麦色的皮肤,一切都恰到好处,这就是我心中语文老师该有的模样。斜斜的阳光照在她身上,有种女神般的感觉。

她快步走进教室,拿起已经批改好的作文开始点评、赏析。此刻,班级大部分同学都很紧张,心中唯一的期盼就是"可千万别读我的作文啊"!仅有几位同学神情淡定,看样子,他们这次作文写得不错,并不担心被读到。我就是这几位中的一位,自认为作文还是不错的,也常得到老师的表扬。我气定神闲地观察着每位同学的表现。

瞧,咱们班同学关注的好像不是作文的内容,而是在探着身子,努力地瞅着作文本上写的是谁的名字。你会发现就在此时,某个人定是趴在桌子上,头埋在胳膊弯里,还时不时偷偷瞄瞄老师。我估计,他此刻脸上定是猪肝色,心里一直在祈祷着早点读完他的作文。可老师并不领会他的意图,边读边与同学交流:"这句该如何写,这个词语恰当么?可以换哪个词呢?这句话是不是重复了?……"读到精彩处,老师定会表扬,你会发现,不知何时,那趴在桌子上的同学已经坐直，正静静地听着，还时不时地点头呢！

不是每位同学都会"俯首称臣"地任老师读自己的"佳作"。就有那么几个同学，如同有千里眼，只要老师拿到他的作文本，他立刻站起，央求老师别读。不仅是老师纳闷，我们前排几个同学也惊叹，他是如何知道那就是他的作文本呢？难道有特殊的，大的标记？佩服！而他们央求老师的本领，更是让我们折服，那语气，那眼神，让老师无法读下去，只好另选他文。

说实话，叶老师给我们上作文课后，我们的作文水平也在日益提高，不仅字数越写越多，构思也越来越巧，班级中的佳作也越来越多。因为我们知道，我们不能辜负叶老师那认真、仔细、一丝不苟地批改。

下课铃响了，我们谁也不愿离开座位，都还没听够呢！猛抬头，看到窗外，几颗绿葱葱的香樟树，在微风中摇曳着枝丫，绿得清新，绿得沉郁，如同一片浓浓的湖水。落日的余晖洒在枝间，透着柔和的光。

假如我是一只宠物狗

陶泽景雄

今天早上起床，我发现自己变成了一只小狗。妈妈看见了我大声叫道："哪来的这只小狗，赶快出去。"妈妈把我赶了出去。我大声地叫喊着："妈妈，我是你的宝贝儿子呀，你怎么不认识我啦！"妈妈见我使劲叫唤，就用拖鞋把我撵了出去。

我被赶出去流浪，有什么办法呢？我路过玩具店，看见了我喜欢的玩具手枪被别的小朋友捧在手心。他走了出来，看着我眼巴巴地望着玩具手枪，说："小狗也喜欢玩玩具手枪呀！"他想出了一个办法，用玩具手枪来打我，我吓得落荒而逃。

这时候我的肚子饿得咕咕叫了，我自言自语地说："我要赶快吃东西，否则我就要饿死了。"我看见不远处有一家汉堡店，我就飞奔而去，可是服务员不给我进去，就随手扔了一个狗骨头给我，我大叫了几声，在说："我不是狗，我是人。"

人不懂我的意思，于是我只好叼着狗骨头走了，我走到路上睡着了，我以为睡了一觉就永远起不来了，而我醒来时发现自己在一个很美丽的地方，原来我被凯文小姐带到她家去了！

假如我是女生

胡乔森

必须声明在先，其实我并不想当女生！但假如我真变成了女生的话，我仔细想了一下，我将有三个"重大决定"：

第一个"重大决定"：假如我是女生，我不会穿很高的高跟鞋，因为穿高跟鞋走路要小心翼翼，那么高的跟，一不小心就会摔跤。

第二个"重大决定"：假如我是女生，我不会因为一点点小事就哇哇大哭，因为哭起来真的很丢人。

第三个"重大决定"：假如我是女生，我不会在家养宠物玩，因为，因为宠物总是把家里弄得乱糟糟的。

假如我是一个女生，我将坚持以上的三项决定！绝不改变。

手假如长在腰上

张悦然

在生活当中，我有很多"为什么"想问。但是，我最想问的就是人的手为什么是长在肩膀的位置，而不是长在腰的位置。我产生这样的疑问，是因为妹妹画人的时候总是把手画在腰的部位。因此，我就一直在想这个问题。

我想不出答案，就去问爸爸，爸爸听到这个问题，笑了。看着爸爸的笑容，我突然觉得我的问题可能有点儿傻，可我还是想弄明白。爸爸想了一会儿，反过来向我提了两个问题：如果人的手长在腰上，那我们怎么吃饭呢？如果我们的手长在腰上，那洗澡的时候怎么洗头呢？

听了爸爸提的问题，我想象了一下用长在腰上的手吃饭、洗头的画面，忍不住笑了。我又在想，如果老师的手长在腰上，那上课就写不了字了；如果我们的手长在腰上，上课就没办法做笔记了。

这样看来，还是爸爸说得对，手还是长在它原来的位置比较正常。

友 爱

王欣悦

　　人间处处有真情，生活中关于爱的故事有很多。爱是人类最宝贵的财富，有爱情、亲情、师生情以及纯朴的同学情。世界上最美好的东西，莫过于有几个真诚的朋友。人间真情胜过一切。

　　那是一个乌云密布、狂风大作的早晨，眼看着一场暴风雨即将来临了。因为我的拖拉而导致了很晚才从家里出发去上学，紧跟着路上就下起了暴雨，去学校的路上开始堵车了。窗外的雨哗啦哗啦地下着，我的心情也随着车窗外的雨越来越沉重，因为我要迟到了，我的老师可是很严厉的！我心里突然想到了手被打板子的感觉，那"酸爽"……唉，不可想象……突然，就听到妈妈说："王欣怡，王欣悦，你俩就在这里下吧。"我一个箭步冲下了车，举着伞直接冲向校门。很快，我就跑到了楼梯口，就当我准备要收伞时，惊讶地发现——伞坏了！我又试了好几次，还是没有收起来。我心里十分焦急。哎呀妈呀，这个鬼天气！还让不让人活了？伞大仙呀！您争点气，行不？我这个时间可是比黄金还要贵的，马上就要迟到了！求您了！您快点好起来吧！我看到旁边的人都对我视而不见，一个个都"嗖"的一声从我身旁跑过。我隐隐约约看到了几位同学悄悄地从我身旁走过，嘴里还不停嘀咕着什么。我看着他们跑过的背影，心里真不是滋味。难道我的人缘有这么差吗？这时，一声"我来帮你吧！"传入我的耳中，一位又矮又壮的人进入了我的眼帘中。咦？这不是陈俊彤嘛！我认出了她。她跑过来，笑着对我说："王欣悦，我会修伞，我来帮你吧！"我想都没想，急忙把伞递给了她。没想到陈俊彤三两下就搞定了。修好以后，我急忙把伞收了起来，接着以百米冲刺的速度跟陈俊彤跑向教室，最后还是迟到了。虽然迟到了，还挨了板子，但是心里还是甜甜的，因为我收获了世界上最美好的东西……

第二天，我碰见陈俊彤时，就对她说："陈俊彤，昨天谢谢你！要不是你，昨天我会被老师骂得更惨，谢谢你！"我心中疑惑，就问她："昨天你为什么要帮我呀？你明明可以自己先走，那样你就不会迟到了。"陈俊彤笑了笑说："因为我们是同学呀！同学之间就是要互相帮助的！"说完，我们两个相对一笑，手牵着手走回教室。

如果说友谊是一棵常青树，那么，灌溉它的必定是出自心田的清泉；如果说友谊是一朵开不败的花，那么，照耀它的必定是从心中升起的太阳。六年了，我们之间的欢声笑语，恩恩怨怨，早就成了不解之缘。同学之间的快乐与悲伤，就是连接友谊的桥梁。俗话说，相逢便是缘。陈俊彤让我懂得——没有真挚朋友的人，是真正孤独的人。我们好好珍惜自己来之不易的友谊吧！

徜徉在春的怀抱

张韦晨

　　盼望着，盼望着，冬天走了，春天终于来了。人们，迫不及待地从家里涌出来，来到自然的怀抱，拥抱无边的春色，感受春天的生机和活力。

　　春天，我最爱的活动就是踏青。妈妈单位组织"三八妇女节"摘草莓活动，我也跟着参加了。一大早，我们坐上旅行车。车子在平坦的柏油马路上前进着，两旁的景色一一映入眼帘。

　　公路边那粗粗细细的柳树，多美啊，有着细长嫩叶的枝条，在微风的吹拂下翩翩起舞。在古代，柳树的"柳"相当于"留"。因此，古人喜欢在河岸边和路边种植柳树。当人们送别亲人、朋友的时候，会折柳相赠，表示想要留住那些离别的亲人、朋友。车窗是开着的，有些柳条拂进车窗，应该是想要留住我们吧！

　　放眼望去，田野上盛开着一大片、一大片的油菜花。风轻轻一吹，她们时而簇拥在一起，时而分开，时而笑得前仰后合，时而默默无语。啊！这里简直就是油菜花的海洋，阵阵的波浪涌向天际！蜜蜂在菜花上飞来飞去，它们无心欣赏这无边的春色，一心酿造生活的甜蜜。如果我们学习的时候能像蜜蜂那样不辞辛劳，我们也会酿造出属于自己的甜蜜吧！

大约过了半个小时，我们到达了第一个目的地——草莓园。一眼望去，田野里有许多的塑料大棚整齐地排列着。大家迅速地找到了自己满意的塑料大棚，一猫腰就进去了。

　　我喜欢吃草莓，但是，我不知道草莓原来是长在地上的，还以为它长在树上呢！大棚里，有的草莓已经成熟，呈红色，大约有本鸡蛋大小；有的草莓还没熟，呈青色，个头甚至只有指甲盖大小；还有的草莓还只能算是花儿呢！

　　我和妈妈兴奋地摘着那又大又红的草莓，装进塑料袋子里面，不一会儿塑料袋子全部装满了。之后，我迫不及待地想尝尝自己的劳动成果，便找了处水龙头洗了起来。

　　清水洗过的草莓，好甜啊！我自己摘的草莓，好甜啊！

　　坐车回家的时候，阳光已然强烈，我们都有些累了，但内心还是非常快乐。因为，我有机会亲近了春天！

　　我渴望还能有机会拥抱这无边的春色，感受大自然的美好！

春游珩琅山

李　想

　　听爸爸说，珩琅山是芜湖县的最高峰。四月的一天，我和爸爸去珩琅山游玩。我们骑着车，驶上一条林荫道，道路两旁种满了杉树，正透着绿。不一会儿，我们便来到了珩琅山门口。一条柏油路通向山上，到处都充满着春的气息。

我们骑着车，来到了塔子岗，首先映入眼帘的是一座高大的塔。这座塔共有七层，六面，每层塔的四周都挂着风铃，风一吹，铃铛便叮叮作响。塔边有庙，黄黄的墙，红红的瓦，里边供奉着或佛或神，惟妙惟肖，十分逼真。塔前有许多摊位，摊主们不时吆喝着，声音此起彼伏。

　　我们决定爬上芜湖县最高峰——白云峰。山上绿树成荫，柔柔的草儿铺在地上像是大地妈妈的绿衣裳，我不由得抬起头来，想看看还有多远：山势挺拔，高着呢！我才爬到半山腰，浑身早已是汗，我擦了擦汗，向下看了看。啊！田地星罗棋布，特别是满山的杉树，就像是一串串珠帘挂着。虽然艳阳高照，但向下望，却是迷迷蒙蒙的。爬着爬着，我觉得有些乏力了，在心里默默地念着：坚持！坚持！于是，凭着这份勇气，我一鼓作气爬上了山顶。风儿吹来，啊！真舒服！山顶的草儿花儿向我频频点头，我笑了，我成功了！

　　休息了一会儿，我们准备朝观音洞景区进发。本以为山中会有一条通往观音洞的路，可却没发现，我们只好下了山，骑车从另一条道路上山。向上看去，寺庙如空中楼阁，有一条蜿蜒的石阶通往观音洞，于是，我们便登上去，太陡了！我们不得不弯着腰前进，费了好大劲才来到观音洞景区。观音洞是一个天然的石洞，洞中十分凉爽，泉水不停地流出，洞里供奉着观音像。观音洞旁还有许多座寺庙，里面也都供奉着佛像，案上香烟缭绕。

　　因为还要去对面的西河老街，下午两时，我们依依不舍地离开了珩琅山。

家乡的池塘

胡 叶

我家旁边的池塘，那可真叫一个美！

清晨，池塘笼罩着一层蒙蒙的薄雾。岸上的树啊，草啊，花啊，在薄雾中若隐若现。池塘边的花儿妹妹身上，满是露珠，银光闪闪的。她啊，可爱打扮自己了！花儿妹妹的身旁，是那小草弟弟，他穿着碧绿的衣裳，头上顶着一颗细小的露珠，显得特别可爱。那高高的柳树姐姐，虽然没有怎么打扮，可那一头柔软的长发，让她怎么看怎么漂亮。这岸边上的花花草草给池塘做了个朴素、美丽的花环。

太阳升起来了，雾也渐渐淡了。早起的小鸟，在枝头叽叽喳喳地叫着，它们是在互相打招呼，还是在练嗓子？水中，有几只鸭子在游着。有的把头伸进水中，似乎在寻找水下的小鱼、小虾；有的则悠闲地随风漂流，还不时地梳理着自己的羽毛；还有的使劲地扑打着翅膀，努力想飞起来，可那肥大的屁股却怎么也离不开水面。

池塘里的水清澈见底，远处的房子，近处的树啊，花啊，草啊，都倒映其中。小鱼可不怕鸭子的捣乱，不时浮上来，在这些倒影中游来游去，相互追逐，在水面上画出一个个的圆圈。兴许，他们是在和水底的小虾、螃蟹在捉迷藏吧！

家乡的池塘可真美啊！如果你有机会来参观，一定也会流连忘返的。

乡村·童年·生活

翟飞扬

爸爸妈妈都是农村长大的,他们对乡村有着一种难以割舍的情怀。我从小生活在城镇,对于乡村的了解,大都是从爸爸妈妈的口中得知。

爸爸妈妈经常跟我讲他们小时候在乡村的趣事。比如在河里洗碗时用竹篮网小鱼,沿着河岸捡鸭蛋,吃五香蚕豆,做麦哨,拔刺苔等等,数不胜数,好像永远讲不完。每次听他们讲这些趣事,我的心里就充满了向往,恨不得和他们生活在同一个年代,也去体验这一桩桩趣事。

今年的4月5日清明节,我有了一次短暂的体验机会——我和妈妈、外婆、舅舅去老家扫墓。

路过田野的时候,妈妈给我拔了好几根麦子,在每根麦秆上掐了一个小洞,做成了好几个麦哨。做好了后,妈妈递给了我一个。我轻轻一吹,就发出好听的声音——"呜卟、呜卟、呜卟"。

妈妈还给我拔了刺苔。说是刺苔,其实就是月季花的茎。这茎上面有很多小刺,但妈妈不怕,她将刺苔的叶子去掉,再剥掉外面的一层皮,就露出里面淡绿色的茎了。这茎是可以吃的,我咬了一截,甜丝丝的,味道好极了。于是,我学着妈妈的样子拔了好多刺苔,装在方便袋里，准备带回家和小伙伴分享。

而后，我们还去姨奶奶家田地里摘蚕豆，第一次生吃了蚕豆；到竹林里挖了竹笋，见到那刚从土地里冒出来的笋芽……

回家后，我们把蚕豆剥出来，放入八角和盐，煮熟了，变成了"五香蚕豆"。把竹笋皮剥净，烧了"咸菜竹笋红烧肉"。并且，我还把五香蚕豆和刺苔带到班级给小伙伴们分享了，他们都觉得好美味，尤其是刺苔，品尝的时候，都舍不得吃，一点点一截截地咬。

啊！乡村，是爸爸妈妈童年的摇篮，我愿意经常去走一走，玩一玩，去体验乡村的快乐生活。

单翼天使亦能飞翔

张梓瑜

"每一次，都在徘徊孤单中坚强；每一次，就算很受伤也不闪泪光……"听着这首《隐形的翅膀》，我的思绪不禁伴着这悦耳的歌声，飘向远方……

前几天，我们学校组织观看影片《隐形的翅膀》，开始我并不是很在意，不就是电影嘛，能有多好看。但看完之后我没想到，这部电影会使我潸然泪下。电影讲述的是女孩志华励志的故事。志华一次与朋友们放风筝，却没想到出现了意外，志华失去了她的双臂，但是她并没有放弃生活的希望。在父母的鼓励和帮助之下，志华做到了常人也难做到的事。令我感受最深的是志华一手漂亮的楷书，再想想自己，书法练了三年，字也不见得有志华的十之七八分隽秀。

　　志华的家庭祸不单行，遇上了灾难。志华的母亲因为志华的意外而深深自责，以致患上"精神分裂症"；志华父亲辛苦做成的风筝也因一场暴风雨而毁于一旦，志华的学费也没了着落……最终，志华的不懈努力成就了她的强健体魄，省市游泳教练看上了她。但她并没有选择自己擅长的田径项目，而是坚决要求学游泳。她哭着讲述了原因，志华妈妈曾经出现幻觉落水，志华却无能为力救她。

　　志华的母亲最终还是去世了。可谓"母女连心"，志华那一天心不在焉，训练也不能好好完成，但是她为了即将开始的比赛，她不得不拼搏训练。母亲的去世深深打击了志华，她将悲恸化为力量，从而更加勤奋训练。

　　"上帝为你关上了一扇门，必定会为你打开一扇窗。"上天并没有让志华的悲剧延续下去，在影片的最后，志华取得了全国残疾人运动会游泳第一名，获得了参加残奥会的资格。电影院里掌声雷动，久久不息。我双手捂脸，眼眶涌出激动的泪水。

　　"我知道，我一直有双隐形的翅膀，带我飞，飞向希望……"歌声将我拉回现实，脸上湿湿黏黏的，伸手抹了抹，吸吸鼻子，还沉浸在观看影片后的感动之中。

　　联系现在，连志华这样的"失翼天使"都如此努力，更何况我们这样健康的"双翼天使"呢。可是，常有"某学校学生因为不堪学业压力而自杀"的新闻报道。作为一名乐观阳光的中学生，我要向志华学习，学习她坚忍不拔的精神，学习她乐观向上的心态。我也要朝着709班训"做一位向上向善乐观阳光的实验学子"方向发展。

　　"隐形的翅膀让梦恒久比天长，留一个愿望让自己想象。"脑海里再次响起影片末尾志华的歌声，我也情不自禁地跟着哼唱起来。

　　自此以后，每每想起，心中依然久久不能平静……

听《雨的印记》有感

王沈嘉

在很久以前，有一位非常有名的音乐家，这位音乐家最擅长的乐器就是钢琴。他的琴艺非常高超，他弹奏的音乐悦耳动听，吸引了许多人来欣赏。

有一次，这位了不起的音乐家应邀去一个非常大的舞台表演钢琴。钢琴家弹得出神入化，粉丝们也听得如醉如痴。正当演奏达到最高潮时，一个不和谐的声音打乱了整段优美的旋律。这位钢琴家竟然出错了。音乐家觉得在这么多粉丝面前出错了，非常没有面子。他很着急，不知如何是好。受自己情绪的影响，钢琴家接下来的表演也越来越糟糕。台下的观众试图用掌声给台上的钢琴家一些鼓励。可是这些充满期待的掌声在钢琴家听来，是讽刺。他觉得自己让所有的粉丝失望了，觉得自己很没用，连一首简单的曲子都会弹错，根本不配当一名音乐家，根本不配拥有这么多粉丝。

想着想着，钢琴家更伤心了。他双手重重地拍打着钢琴键，迅速站起身，飞速冲出演播厅，他觉得自己再也没有勇气站上舞台。外面飘着细细的雨丝，离开了演播厅，离开了舞台，钢琴家不知道自己该往哪里去。他漫无目地满大街跑着。他跑到公园里，坐在小湖边的一条长椅上。他静静地思索着，自己为什么会犯如此低级的错误？周围一片寂静，没有一个人，没有一辆车。他目不转睛地盯着湖面。原本平静的湖面在雨点地敲打下变得不再平静。滴滴答答，湖水在轻轻低吟，雨滴在湖面缓缓舞蹈。钢琴家慢慢闭上了自己的双眼。"啦啦啦……"他的耳边突然传来阵阵音乐，他的手随着音乐在空中不停地弹奏着，仿佛空中就有一架钢琴，美妙的音符在他的脑海里慢慢地由模糊到清晰，慢慢地、慢慢地，越来越顺、越来越快，不知不觉，他在自己的脑海里演奏出了一首完整而美妙的音乐。

他立刻跑回家里，拿出纸笔，把自己脑中的旋律落纸成文，于是就有了我们现在的这首完美动听的——《雨的印记》。

生命的震撼

——读《绿山墙的安妮》有感

王中阳

这几天，我读了一本好书，是加拿大作家蒙哥玛丽写的，名字叫作《绿山墙的安妮》。

红发精灵——主人公安妮·雪莉是一个身世凄凉的小女孩儿，刚出生不久就父母双亡，成了一个孤儿。不过，好心的邻居把她抚养到六岁。邻居死后，她去给一户大户人家看孩子，后来又被送进了孤儿院。在她十一岁那年，住在绿山墙岛的马修和马瑞拉收养了她。安妮自幼酷爱幻想、爱美、天真可爱，闹了不少笑话，带来了许多麻烦。

可是，她善良直率、乐于助人，赢得了许多人的友谊和关爱，给整个村子带来了温暖和快乐。后来，安妮凭着自己的努力考上了大学，可是因为马修猝死，马瑞拉的眼睛出了问题。安妮为了回报他们对自己的关爱，决定不上大学，留在绿山墙岛上一边照顾马瑞拉，一边教书。

安妮，是一个为人乐观、善良直率、聪明伶俐的小女孩儿。一次安妮在救助一个得了急性喉头炎的小女孩儿的时候临危不惧，沉着冷静，而我经常因为一点点小事就慌了神；安妮在遇到困难时总是迎难而上，而我遇到困难时总是想打退堂鼓；安妮长大后，用自己的力量去报答他人，而我却至今还不知道去回报帮助过自己的人……与安妮相比而言，我真是差得太多太多了。

读了这本书，我想：我们应该像安妮那样，面对困难迎头而上，用勇敢、自信、乐观的态度去看待身边的每件事物。同时我们也要像安妮一样，热情地去对待每一个人，去回报每一个帮助、鼓励过自己的人，珍惜朋友给予自己的友谊。

《绿山墙的安妮》这部孤儿成长史，被誉为"一部儿童成长的缩影，一曲独立坚强的赞歌"。它教会了我们许许多多的东西，真不愧为一本好书！

我最喜欢的一本书

张亦弛

我是一个"小书迷"，在书的世界里如饥似渴地吸取着知识的营养。要是有人问我最爱看什么书，我会毫不犹豫地告诉他：当然是《上下五千年》了！

在课外阅读中，我经常会读到一些历史事件和历史人物，都不太了解，总是要请教爸爸。于是，爸爸就向我推荐了这本书，让我好好阅读，从中了解我们中华民族悠久的历史、灿烂的文化。

《上下五千年》这本书共三册，它按照历史顺序，选取了最有代表性的二百六十二个小故事，从远古时代一直写到清朝鸦片战争前夕，是一本非常适合我们青少年阅读的历史读物。通过阅读这本书，我知道了中国古代一共经历了夏、商、周、秦、汉、晋、隋、唐、宋、元、明、清这十二个统一的封建王朝，了解了大禹治水、退避三舍、纸上谈兵、黄袍加身等历史事件的来龙去脉，认识了晋文公、秦始皇、李广、司马迁、岳飞等著名的历史人物，真是大开眼界。

我最喜欢的历史故事是纸上谈兵。它主要讲述了战国时代赵国的大将赵括只懂得死读兵书，不会临阵应变，结果被秦军打败的故事。读了这个故事，让我明白了，我们不仅要多读书，还要勇于实践，这样才能学以致用。

我最喜欢的历史人物是岳飞。岳飞是南宋时期的抗金名将，从小刻苦读书，尤其爱读兵法，后来从军当了大将，立下了赫赫战功，还写下了流传千古的名词《满江红》。我非常敬佩他这种勤奋好学，精忠报国的优秀品质。

我喜欢《上下五千年》这本书，它不但开阔我的眼界，启发了我的智慧，还激发了我的爱国热情。

美丽的绽放

　　一天清晨,秋风吹进我的脸颊,一阵清香弥漫开来,那些正在枯萎的百花们费力地抬起头,"啊!多美的波斯菊啊!"它们不禁赞叹道。我在风中欢快地舞蹈着,大地妈妈笑了,我也笑了。
　　冬天渐渐来临,我慢慢低下了头,虽然我只开放了一个秋天,但我完成了生命中最美的绽放。

火 之 舞

谢新瑞

昨晚在外婆家吃晚饭。外婆家所在的村子并不偏僻，厨房里也配了液化气灶，但在大多数情况下，外婆家烧的是大灶，用柴火烧的。平时，我是最喜欢烧火的，这次，我也拿上了火钳来烧火。

取出一小捆干稻草，按下打火机，只见几点火光一闪——着了。赶紧把这捆引火的稻草伸进灶膛中，只见一缕橙黄的火焰在欢快地向上窜动。接着，我塞进去一捆枯树枝，"嗞"的一声，火苗先是被压下去了，但它没有低头；很快，它就从两边、从中间又冒了出来，穿透了树枝，燃烧了树枝，比先前跳得更欢快了。

我凝视着这堆火焰：鲜红的、热烈的一束束火苗像一个个活泼的小精灵一般，上下窜动，左右摇摆。整个灶膛中被这火焰照得明亮、温暖；燃烧着的枯树枝不断发出"噼噼啪啪"的爆裂声，就好像打着节拍一样，而火苗也伴着这节奏跳起舞来。火焰时而如一条火龙向上飞腾，时而如一朵盛开的花扭动着婀娜的身姿。有时火焰忽地小了，只剩下一丝微弱的火光，眼看就要熄灭了，但你向里一吹气，火苗又"刷刷刷"地窜高，又热烈、欢快地跳起舞来，又好像充满了能量与生命。

我不由地想到了远古时期：天黑了，一群寒鸦从树枝间飞过，远处，各种野兽的叫声凄厉恐怖。"哧——"，突然，一束火光在山洞中出现，顿时给伸手不见五指的黑夜带来了光明。火苗兴奋地跳着舞，一群原始人围着这堆篝火也在欢快地舞蹈。火上，猎物在架子上不停翻动，火苗不时舔到猎物，冒出缕缕青烟。人们坐在火堆边，吃着烤熟的食物，一边还烤着火，享受着火带来的光明与温暖……

"呼呼"，思绪回到现实，锅盖被蒸汽顶得直作响——饭要熟了。火苗似乎也累了，渐渐弱下来，微微闪动着。最终，只留下了一堆烧得火红的木炭，不经意间用火钳一敲，从灰烬中冒出数个火星，上下跳动着，散发出通红的光亮，一闪一闪，就像一个个小星星，又像红色的萤火虫在飞舞。一眨眼，却又轻飘飘地落下，不留一点痕迹。

一堆火苗的命运就这样终结了——它曾散发出光和热，有过最热烈的舞蹈，但现在却消失得悄无声息。但火之舞蹈，让人受益无尽：没有火的舞蹈，哪儿有热气腾腾的饭菜？没有火的舞蹈，在冬天哪有温暖？没有火的舞蹈，在黑夜哪有光明？人们在享受的同时，不要忘了贡献光明与温暖的火。

那束火苗的舞蹈，就如一颗划过天际的流星一样明亮，深深映在我的脑海中。

思

范昊妍

又是一个没有电的周末，早已写完作业的我无趣地坐在沙发上，呆呆地望着一片漆黑的电视。烦躁再次涌上心头，我推开手边早已阅览无数遍的教科书，蹑手蹑脚地走进父母的卧室。

唉，真是太无聊了，玩一会儿手机肯定不要紧吧。

没有人注意到我的行踪，我掩上房门，开始寻找起来。

手机没找到，倒是看到一堆有些泛黄的相册。叹了一口气，无趣地随手拿起一本较新的相册，开始翻阅起来。

当最后一张翻阅结束，我的眼前竟然有些模糊，一些凉凉的液体从我的脸颊滑过，我连忙擦去泪水。远处的歌声断断续续地飘进我的双耳里。那么悲凉，那么心酸，那么无可奈何。

"斑马，斑马，你回到了你的家，可我浪费着我寒冷的年华，你的城市没有一扇门为我打开啊！我终究还要回到路上……"是宋冬野的《斑马，斑马》！那沧桑而又略带些嘶哑的歌声里，隐藏的是什么？是对现实生活残酷的无奈，还是对自己能力不足的失望？

我再次把目光放投向那些照片，又细细地翻看了一遍。那些是前年的照片吧！那时的我还是剪着短发傻乎乎的模样，爸爸还是每天笑得很开心、活得很开心，那时的妈妈却不像现在累得似瘦猴一般，奶

奶也不是现在这般做什么事要都抱怨这个抱怨那个，爷爷也不是现在这样起早贪黑。一家人，本来不必为了生活那么累。

一张一张，一幕一幕，就这么，一点一点，慢慢地在我的脑海里循环播放。努力不去想的，不去忆的时光，连同眼泪一瞬间爆发在空气中。

那个炎热的夏天，充斥着汗水，视线仿佛也是模糊不清的。最后看了一眼高高耸立的东方明珠，"上海"二字从此就变得陌生。不再是一个家，而是一个向往，一份回忆。

是什么时候一切的一切都变了？

是从那个繁华的上海回来之后，他们亲手结束了这些年的打拼生活。

而这些都是因为我。因为要让我好好学习，因为要让我有一个和他们不一样的光明未来。

这就是他们的希望，而代价就是重新开始。把那年的苦再苦一遍，把那年的累再累一遍，把那年的疲劳再双倍甚至是多倍地疲劳下去。

而我又凭什么任性地认为，这一切的一切和我无关？

"斑马，斑马，你还记得我吗？我是只会唱歌的傻瓜，斑马，斑马，你睡吧睡吧，我要背上吉他离开北方……"在那个繁华却又遥远的城市，温暖的灯火通明下，年轻的流浪歌手独自走遍这个世界，接受风，接受雨，也接受第二日的太阳。他不曾放弃过，因为他无时无刻不坚信，自己梦想的翅膀，可以带领自己飞得很高很远。

"斑马，斑马，你不要睡着啦，我只是个匆忙的旅人呀，斑马，斑马，你睡吧睡吧，我要卖掉我的房子，浪迹天涯。"一曲结束，流浪歌手继续追寻梦想的脚步，我也继续在成长的道路上跌跌撞撞。

或许会哭泣，或许会摔倒。但我始终可以再微笑着重新爬起来，擦擦泪，拍拍灰。拉着父母，一起勇敢，无悔地走下去。

我的奔月之旅

宛 羽

早上起床了，我睁眼一看，啊！发现不在原来的地球上了，我来到了月球上……

我走上月球，月球的路面凹凸不平，可能是陨石撞的吧。我轻轻一跳，竟然跳了十米多高，如果与地球上的人比赛，我一定是跳高冠军！其实是因为月球的吸引力比地球小得多，地球上六十斤的东西在月球上只有十斤重。我慢慢地走着走着，突然被眼前的景色迷住了：天空全是星星，密密麻麻的，地球就像一个晶莹的蓝色大水球，真漂亮！不知不觉，我来到了一座宫殿门口，敲了敲门，不一会儿，一位美若天仙的姑娘出来了，手里还抱着一只可爱的玉兔。我问道："你是谁，是那位美丽的嫦娥姐姐吗？"那姑娘微微一笑道："正是。"她热情地请我到里面坐坐，并且告诉我她是怎么来到月亮上的："我原本住在地球上的一个小村庄里，和丈夫后羿过着简单而快乐的日子，还有一双聪明可爱的儿女。有一天，我的丈夫后羿给了我一颗仙丹，说吃了它就可以成仙，还会飞起来，叮嘱完他就去射日了。不料这件事被他的一个人面兽心的坏徒弟逄蒙知道了，趁我丈夫不在家就来逼我交出那颗仙丹。我怎么能把丈夫辛辛苦苦得到的宝贝轻易交给他呢？可是丈夫不在家，我又打不过他，怎么办呢？情急之下，我就一口吞了那颗仙丹。不料，我的身体马上就变轻了，不由自主地往天上飞，想下也下不来。可是我的丈夫还没有回来，一双儿女还那么小，我怎么忍心丢下他们一个人上天呢？可是没有办法，我已经吃了仙丹，吐又吐不出来，只能眼睁睁地看着一双儿女在地上哭着喊妈妈……慢慢地越飞越高，我就来到了这月亮上的广寒宫，孤单寂寞，冷冷清清，只有这只温顺的玉兔陪着我……"说着嫦娥姐姐就忍不住抽噎了起来。我连忙安慰她道："没关系，既然已经这样了，就想开些，不要哭了，不是还有玉兔陪着你吗？"嫦娥听了，勉强止住了哭泣，微微一笑说："对，这懂事的玉兔就是我现在唯一的知音了。噢，真是蹊跷，前几天玉兔竟然生了三只小兔子，可爱极了，长得和她们妈妈一样漂亮，要不我送你一只？"我连声道谢，接过了一只小玉兔，果然惹人怜爱，我小心地抱着这只小玉兔，欢天喜地地走了。

　　不一会儿，我又来到了一棵大桂花树旁，看见一个魁梧的叔叔正在满头大汗地砍桂花树，可奇怪的是，被砍下的树枝马上就会长到原来地方，怎么砍也砍不完。叔叔见我诧异，边砍树边吃力地对我说："我叫吴刚，天天在这里砍桂花树，已经砍了几百年了。因为我以前醉心于仙道而不专心学习，被玉帝知道了，他很震怒，罚我在月宫天天伐桂花树，并说只要砍倒这棵桂花树，就可获得仙道之术。可是我每砍下一斧，奇怪的事就发生了，被砍下的树枝立马又长到了树上，日复一日，所以我到现在还没有砍完，你看手上都已经磨出厚厚的老茧了，还是砍不完，我知道这是玉帝给我的惩罚呀！如果再给我一次机会，我一定选择好好学习，永不醉心于仙道了。"听了之后，我同情地说道："知道错误就好，哪天抽空我去向玉帝爷爷求求情，相信他老人家一定会原谅你的，快点休息一下吧，我来帮你擦擦汗……"

　　就在我伸手帮吴刚叔叔擦汗时，醒了，手还在那里一动一动的呢！啊，我明白了，这原来是一场梦！

槐　树

胡　叶

　　我家后院，有一棵高大挺拔、枝繁叶茂的槐树。听爷爷说，这棵树二十多年前，就站立在我家后院。虽然算不上什么名贵的树种，却也是一道十分靓丽的风景。

　　一天晌午，我正在房间午睡，隐隐约约听见爷爷和爸爸在商量什么，声音越来越大，语气越来越强硬，我便侧起耳朵仔细听。

　　爸爸的语气很坚决："要建房子，必须把这棵树砍掉。"

　　爷爷则非常激动："不行，砍了多可惜啊！这棵树几十年了，既漂亮，夏天又能给我家带来凉意。我宁愿不做这厨房！"

　　爸爸提高嗓门喊道："总不能因为这棵树，而放弃建厨房啊！"

　　听到这里，我冲了出来，冲爸爸大声请求："别砍这棵树！这棵树多好看呀！我天天在树下写作业、乘凉！求求你们，别砍它，行吗？"我简直要哭出来。

　　除了爸爸，全家人都赞成我的意见。可是，爸爸的态度十分坚决，不容置疑地对我说："树必须砍掉。"

　　我恳求爸爸："别，别！那能不能把树移栽到其他地方？""不行啊，你不知道，现在气温高，就是移栽也难成活；再说，这么大的一棵树，要移栽几个人都不一定栽得好。"

我知道，无论怎样劝说，爸爸都会把树砍的。我痛苦极了，我想：没有办法阻止爸爸砍树，只有陪着这棵树度过这最后的时刻了。可怜的树。

不知怎么回事，那天，天气特别热，又突然停了电，电扇、空调都用不上，我们都跑到槐树下乘凉，邻居家的小孩也跑树下玩耍，不时从池塘里吹来阵阵凉风，一家人在树下好惬意。

也许，槐树它知道，明天将不能再为我们遮阴蔽日，是想给我们留下美好的回忆吧。我想。

下午，爸爸说："今天晚些时候，我会把树砍掉，不然的话，会影响明天工人干活儿。"我并没有说什么，只是默默地躲进自己的房间，关紧房门——我不想看到大树被砍掉的样子。

第二天，我早早起床，悄悄跑到后院，我想看看树，不，看看它曾经站立的地方。

啊！树！这棵漂亮的树，这棵枝繁叶茂的槐树还在！它还好好地站在那里，向我微笑。我觉得这时候的槐树是最美、最挺拔的。也许是我的恳求起了作用吧，我想道，开心地笑了。

从那以后，爸爸再也没有提过砍树的事，厨房，也在旁边的一块地建了起来。虽然，比爸爸想要的厨房小，但我觉得那是最漂亮的厨房。因为，有一棵大大的槐树站在它的旁边。

晨　景

谢兴瑞

　　清晨，刚起床，一股寒意袭人。

　　凝望窗户，结着一层薄薄的水汽，如同幕布一般，朦胧你的视线，使你无法透视窗外的世界。手指在窗上轻轻滑过，眼前立刻清澈透亮起来，那是窗户的原本面貌。

　　赶紧，我欣喜地把头凑到窗边，向外张望。呵！小城被一团白气包裹着，裹得严严实实。顿时，让人心迷茫，但很快便豁然开朗。哦，原来是雾，这是深秋的问候！

　　下楼，漫步于马路边。繁忙的街道上，依旧呈现出车水马龙、川流不息的情形。只是街道两旁的高楼被雾笼罩，现出深深的黑影，仿佛是堂·吉诃德幻想中的巨人，既威武又略带滑稽。

　　不知不觉，眼前浓密的白帘中隐约现出几座房舍和一片田野，走近，终于清晰了：这是乡野中最为常见的一处农家小院。院内鸡鸭成群：鲜艳的羽毛，火红的公鸡冠子，宽大的鸭的掌蹼，都奔来跑去的。公鸡打着鸣，老鸭也乱叫，似乎都要与树上多嘴的麻雀一争高下。

　　院后，是一片池塘。水静，波平，水面俨然一面大镜子。水边的几棵小树的影儿轻轻地投在水面上。突然，几尾淘气的鱼在水下急促地掠过，水面上荡起了一圈涟漪，惊走了周围的鱼儿，也吓坏了小树，连忙收回了自己的影子。过一会儿，水面又静下来，见没事了，小树又放心大胆地照起镜子来。

池塘的那边，一行行碧绿的菜畦，一大片枯黄的草地。菜叶上，还拧着厚重的晶莹的露珠。正好像一幅油画，色彩鲜艳。油画家似乎故意关照菜地，涂抹上了鲜亮的翠绿色，亮得耀眼；而只给了草地一片憔悴的枯黄。菜畦绿得让人想不到已时值秋冬，而草地太像秋天了，反而让人心生同情，同情这不可抗拒的荒凉。同一幅画中，由于画家"刻意"地安排，竟有如此鲜明的色彩对比，那么分明，给人以强烈的视觉冲击。

再远处，一排排红绿相间的灌木，其中夹杂着一两颗相对高大的乔木，显得相当有参差感。背后隐隐约约地现出一片树林的影子，朦朦胧胧，可望而不可即的那样虚无缥缈，让人迷惑——这又是大自然的"障眼法"？

但这又像中国画中淡墨渲染的痕迹，确是水墨画的手法了。不信，请极目远眺，最远处的天边，便是大量的留白。我不禁赞叹：大自然真是一位多才多艺、技巧高超的画家！

望着远方的雾，我不禁陷入对这晨景的遐想，心绪一下飘开，很远，很远……

落叶的 1001 种美

芮 洪

你有没有细心地观察过一片落叶？你知道它有多少种美吗？或许，许多人听到我的疑问后会大吃一惊，感到十分疑惑：一片落叶有什么美丽的，他们不应该被扫进垃圾堆吗？

是的，我不反对你的说法，而我唯独喜欢落叶。

世间万物都有她的美丽，只是你不去发现而已，如果你用心去观察，去发现，就会知道，会惊讶地说道：哇，一片落叶原来可以如此的美丽！

我不经意地在树下捡起一片落叶，它是枯黄色的，上面沾着许多的泥土。

我对它产生了兴趣，这不正是一种美么？"落红不是无情物，化作春泥更护花"，它落入尘土的那一刻，就注定要成为树木的养分，注定要奉献自己。这不正是美的表现吗？

一阵风吹过，一片片落叶缓缓飘落，它的姿态更是优美，就好像是一个顽皮的精灵，在空中欢快地舞动着。树叶已经落到了地上，而我依旧沉浸在对树叶的遐想中。任何一位跳水运动员的动作在这片落叶面前也会失去光彩，因为那是一种轻柔飘逸的美。

将手中落叶的泥土轻轻地拂去，落叶的叶脉展现在眼前，十分美

丽的纹路令我赞叹。它像一只壁虎在缓慢地行动，冲我们摇着尾巴；它像一只蜈蚣，在飞快地爬行，逃离敌人的追赶；它像一棵大树，笔直地挺立，展现自我的风采；它像……啊，真美！一片落叶，你有着怎样的故事呢？竟展现出了如此的风采，让人无限的赞叹，遐想联翩。

最后，我将手中的树叶轻轻地放回了泥土之中，因为，这才是它最后真正的归宿——回归大自然，奉献自己的一切，来感谢生养他的大树母亲！

落叶，我爱你，爱你的形体之美，爱你的精神之美。但愿你的精神品质，能给我们更多的启发！

美丽的绽放

王雨昕

"哗啦啦！哗啦啦！……"一阵雨声把我叫醒，我睁开眼，可是眼前只能看到一片黑色的、潮湿的物体。喔！对了，我被埋在泥土下了。这时，我觉得身体胀胀的，一根小芽儿从我的身体里钻了出来，这时，大地妈妈告诉我："孩子，努力生长吧！你一定会长出美丽的花朵。"听了大地妈妈的话，我开始努力汲取水分，努力生长，慢慢地，我的根越来越长，大地妈妈的声音响起了："孩子，你可以到外面去看看了！"我迫不及待地钻出了地面。啊！外面真美！青山绿水，天空是蓝色的，宁静幽远，空气很清新，沁人心脾……

"你看，又出来了一棵野草！""呀！它好丑啊！"我循声望去，只见一棵美丽鲜艳的玫瑰正在和一棵同样高贵无比的牡丹一齐笑我，"哎呀！它根本就不配做我们的邻居！"这棵牡丹女王傲慢地说，"真不知它是怎么混过来的。""是呀！是呀！"百花齐声附和。

我惭愧地低下了头，这时风伯伯来到我身边，对我说："孩子，你别灰心，我见过你的妈妈，她长得美丽极了。"听了这些话，我不再理会花儿们的冷嘲热讽，只是努力积攒力量，把全身心都倾注在花苞上。

转眼间，春姑娘和夏弟弟走了，秋妹妹来了。树叶一层层堆积在地上，田野里一派丰收的景象，天空不时飞过一群群"人"字形的大雁。那些曾经美丽的牡丹、玫瑰，已经没有颜色了，并且开始凋零。

一天清晨，秋风吹进我的脸颊，一阵清香弥漫开来，那些正在枯萎的百花们费力地抬起头，"啊！多美的波斯菊啊！"它们不禁赞叹道。我在风中欢快地舞蹈着，大地妈妈笑了，我也笑了。

冬天渐渐来临，我慢慢低下了头，虽然我只开放了一个秋天，但我完成了生命中最美的绽放。

白色污染谁造成

杨 舒

我是一只塑料袋，原本能给人们带来方便，可现在却背着白色污

染的骂名。

桃花节到了，我被主人带到集市上。哇，这里真是人山人海、非常热闹。不一会儿我就被主人当作零食储物袋卖给了一对父子。他们很快就把零食吃完了，我被孩子的爸爸随手扔在地上，虽然前面不远处有一个垃圾桶。

儿子要爸爸不要乱扔垃圾，爸爸却说："你看看，这里到处都是垃圾，扔一个两个没有什么大不了的。地上要是没有垃圾，环卫工人就会失业的。""可是，可是……"孩子的话还未说完，一阵风又把我吹到了马路中央。一个小男孩走了过来，将我又踩了一脚，然后又将我踢在一旁，很快我就变成了一个可怜的小丑。

我们这样的小丑随处都是。我最想问："人们为什么要这样对待我们？白色污染到底是谁造成的？却怪到了我们的头上……"

终于，我看到了远处环卫工人的身影，便开心地笑了，因为我就要得救了。可别的地方那些无家可归的伙伴怎么办呢？我又开始难过起来……

那只小鸟原来是我们救的

程步清

在一个黑黑、黑黑的雨天，我和几个同学一起打着黑黑、黑黑的雨伞，经过一片黑黑、黑黑的树林，突然看到一只黑黑、黑黑的受伤的小鸟躺在黑黑、黑黑的地上。我们小心翼翼地把它捧在手心，雨水淋湿了它黑黑、黑黑的羽毛，我们找出了一块黑黑、黑黑的棉布，仔细地给它包扎伤口。又找来几只黑黑、黑黑的小虫，喂进它黑黑、黑黑的小嘴。我们发现，树上有一个黑黑、黑黑的鸟窝，就轻轻地把它放了进去。

过了几天，我们又经过了这片黑黑、黑黑的树林，又看见了一只黑黑、黑黑的小鸟，它站在黑黑、黑黑的树枝上对我们歌唱，好像在说："你好，你好！"我们仔细一看，看到它腿上的那块布条，才知道原来是我们那天救下的那只小鸟。我们看到它快活地蹦跳，脸上还露出了会心的微笑。

我是一粒种子

葛佳慧

我是一粒种子，一粒从运输车上掉落下来的种子。我跌落在马路边上的草丛里。过了数日，我的身体慢慢被泥土填埋。我努力地从土壤中吸取水分，我的身体逐渐变得饱满。我伸了伸懒腰，从泥土中钻了出来。我终于见到光明了！

我每天都能看到马路上的人来来往往的，或行走，或跑步；汽车在飞驰，我也能够看到交通事故的惨案。日复一日，年复一年，我长成了一棵茂盛的大树，我枝干十分粗壮，大约两个小孩手拉手才能把我抱住。

下雨时，水珠调皮地在我的枝头跳跃，在树叶上翻滚，滑滑梯。

春天，太阳照得我暖洋洋的，害得我老打哈欠，总想睡觉。绿化带里的灌木丛叶子绿油油的，生机勃勃。小草探出了小脑袋，惊奇地看着四周，小花高兴地绽开笑脸。

夏天，太阳火辣辣地烤着大地。地上的花儿草儿经不住太阳的炙烤，蔫蔫地低下头。我也被太阳炙烤得难受，浑身感到十分灼热，像是火在身上烧，真难受！

一天，我在观察地上的小蚂蚁们搬家，我正看得聚精会神。突然，一阵喧闹声打断了我的观察。我的四周站着一群人，他们穿着工作服，手里拿着一大堆工具，有铲子、斧头、锯子等。对我经过一番讨论后，他们就用一大堆的工具，把我连根挖了出来，把我搬上大货车，运到了森林里，再把我栽进土里。就这样，我在这里安了家。每天，我与松鼠、野兔等动物相伴，和同伴们谈心。生活别提有多惬意了。

我感谢那些工人们，把我移到了这里，给了我如此舒适的家。

天空的眼泪

李知涵

天上掉下了一滴水，掉在小溪里。小溪抬头仰望天空，看看天空依旧是晴朗的。

傍晚，又有几滴水掉在小溪里，惊动了睡梦中的小溪。它非常奇怪，揉揉双眼，东看看，西看看，仍然没有什么东西，无边的夜空中闪烁着明亮的星星。

　　小溪自言自语地说:"到底是什么东西呢？真奇怪！"天空听到了，扯着嗓子对小溪说:"小溪，你好！"小溪回答:"天空，你好！""小溪，已是深夜，你为什么还不休息呀？"天空关切地问。小溪说:"我刚才睡得正香，可几滴水掉在我身上，凉丝丝的，打断了我的美梦！"天空伤心地说:"是我哭了，因为地球上的人类不重视环境，把我的脸都污染了，我怎么洗也洗不干净。"说着，天空痛哭起来……

2027年后，我是一名医生

汪永红

　　时间过得真快呀！"嗖"的一下就蹿到了2027年，我已经大学毕业了，在一家知名医院当实习医生。

　　我做实习医生前，有人曾问我，医生是要见血的，你不害怕吗？我说，一般女孩子可能怕见血，但我为了上千上万生病的人，我忍下来了。

　　其实，有时候我看见血也害怕，也颤抖，但为了病人能早日康复，我觉得那都不是事了。

　　当了医生之后，病人纷纷送来了锦旗，夸我做事认真负责，不像有的医生视病人健康如儿戏，随随便便开几副药，结果仍不见好，病反而还越来越严重了。

当了医生之后，我对儿时学的那篇课文《万年牢》也有了更深刻的感悟，对父亲更生出一份敬仰。父亲说的那句"我们做事要讲究认真，讲究实在"，更是深深烙在我心中。

一如既往讲究认真实在的我，竟成了全国最好的医生。QQ浏览器、微博头条都是关于我的新闻，我的微博粉丝量更能和当红明星相媲美！但我不觉得自己有多了不起，学海无涯，知识是永远都学不完的。

小时候，我无数次幻想过长大后的我是什么样子，现在我知道了，我是一名医生。

未来畅想

杨浅如

时光在流逝，一眨眼我就变成了一个在北大上学的大学生。

上大学，要自己洗衣服，五点起床学习，可真辛苦呀！但是我可以自由自在，像一只快活的小鸟在蓝天中翱翔，不用听父母的唠叨啦。只是有时我又很想他们的唠叨，想奶奶做的那香甜可口的饭菜。

又是一个四年过去。我回到自己美丽的家乡湾沚，在令我自豪的母校——实验学校当一名语文老师。上课时我对同学们很严格，平时课间我对同学们很温柔，尊重、关心和爱护他们。同学们都很喜欢我，认可我，让我很欣慰。于是，我更加努力，用心去教育每一个孩子，让他们快乐健康地成长。

随着年龄的增长，爸爸、妈妈都逐渐老去。于是，工作之余我又经常陪他们一起谈天说笑，陪他们外出旅游，陪他们开开心心地过好每一天。有我的陪伴，他们不会是空巢老人，不会唱"常回家看看"，更不会老无所依。

所谓长大，就是这样的用心学习，用心工作，用心对待自己身边的每个人，让生活更美好吧！

令人难忘的运动会

吴博雯

学校第八届阳光体育运动会开始了，我这个看起来瘦弱的"小不点"竟意外地被选上了运动员，痛痛快快地潇洒了一回。

一百米赛跑

运动会开幕后的第一天，我就参加了女子一百米赛跑预决赛。我十分激动，心里默默期待着能拿到好名次。检录后，我们一组人都被带到了运动场上。站在跑道上，我心里像是一头小鹿在乱撞，又紧张又害怕。"砰"的一声枪响，比赛开始了，我努力地跑，风在耳畔呼呼地刮着，可我这个短跑"上尉"在几天前把脚扭伤了，一用劲儿跑脚就会钻心地疼，但我坚持着，咬着牙。我一直与第二名不相上下，你追我赶，可是最后，我还是只落了个第三，而且还没有进入决赛，真是让我的自尊心严重"受伤"。

跳　　远

　　运动会第二天上午，我又参加了跳远比赛，我来到运动场上，参加跳远比赛的有十四人，我站在最后一个位置，同学们个个热血沸腾，摩拳擦掌，恨不得立刻一决高下。裁判员做了个开始的动作，同学们一个个地比赛。很快就轮到我了，我铆足了劲儿，狂奔着，两米，一米……起跳！我轻盈地落到了沙坑上。比赛过后，我看了看排行榜，得了第七名，又是一个人生悲剧啊！我心里很失落。这时，王老师对我说："没关系，第七名也很不错了，下次再加油！"听了王老师的话，我的心里又高兴起来。

接　力　赛

　　最后一天，我参加最后一项比赛——接力赛，这可是最"惊险"的比赛。

　　"砰"的一声枪响拉开了比赛的序幕，我们班的一号选手是许明慧。我不停地急切地回首，四米，三米，二米……到了！我紧紧地抓住接力棒，好像生怕它掉了似的。我像离弦的箭一样跑着，总算超过了一人，我赶紧把接力棒递到了马阳雨的手中。我停了下来，可我的目光一直追随着马阳雨，心儿一直悬在嗓子眼。最后一个人了！最后冲刺了！我的心怦怦乱跳，又紧张又激动。快到终点了，加油！我在心里无数次地呐喊道。

　　比赛结束了，我们班女子接力赛荣获第二名！作为其中的一名运动员，我稍稍感到一丝喜悦。

　　我暗暗告诫自己：今后一定要多参加体育锻炼，下一届运动会要争取第一！

我向往的青春生活

陶 璇

青春是什么？姐姐说，青春是美好的遐想；妈妈说，青春是一种无形的烦恼；奶奶说青春是美好的回忆。我说，青春是一部不用彩排、不能NG的电影。

毕业不久，种种烦恼统统涌现而出。没了大学生活的闲暇，多了一份让人期待而头疼的忙碌——"找工作"。我会在各个公司投简历，会天天奔走于人才市场，会在苹果12代上关注信息技术的发展，在我"小强"精神的帮助下，我会去到理想的IT公司上班。我每一天都会努力地工作，认真做好每一件事，整理数据，分析材料，设计编码，实践学习，整日沉浸在工作里，微笑着体会当一位工作"狂"的忙碌。

别看我整天都沉浸在工作里，是个十足的工作"狂"，但我绝不会冷落身边的朋友。父母不在身边，朋友可是我的"靠山"。下班后，我都会跟好朋友去购物，去小吃街"狂"吃特色佳肴，然后挺着鼓鼓的肚子相互扶着漫步而回；去超市"狂"扫零食，在导购员惊讶的目光中，大包小包拎得满头汗；去淘宝、天猫"狂"淘神器，在快递小哥递过来的第N张快递单上签上自己的大名，潇洒霸气……这都是司空见惯的事。作为一位骨灰级购物"狂"，我就是这么任性。

"长假"是工作以来我格外珍惜的时间，这期间我会背上网上淘来的数码相机，去各地旅游，去感受西湖的秀丽，黄山的壮观，长城的雄伟……杭州西湖去的次数最多，苏堤上总会留下我的身影。黄山虽只去过两次，但那儿实在太美，奇松怪石总叫人惊喜。一本本相册记录下我作为旅游"狂"的一切。

　　当然，我的青春生活若只拥有工作"狂"、购物"狂"、旅游"狂"，我可算不上一个都市"狂"人。我会去健身房"狂"踩单车，和朋友互相吹捧，指着手臂上的肌肉嘚瑟地笑；我会去街头"狂"摄影，用镜头记录下身边的美景；我也会闷起头来"狂"睡觉……我的青春生活就是这么"狂"。

　　而现在的我，正为了成为都市"狂"人而努力"狂"学。

花开的声音

　　上个周末，奶奶出门有事，我作业写完了没事干，看到乱七八糟的书房和满是灰尘的地板，我找来扫帚，把客厅打扫得一尘不染，接着又认认真真地把几个房间收拾得整整齐齐，干干净净。过了一会儿，奶奶回来了，看到这种情况，高兴地抱着我说："孙子长大了！"

　　长大既有烦恼和无奈，也有高兴和喜悦，既然所有人都会长大，那就痛痛快快地享受一下长大吧！

从"撕纸大王"到"小作家"

周倩萍

我是个性格内向的孩子,喜欢一个人在家,觉得无聊时,就会看看书,写写作文。因为在淡淡书香中,总会忘记一切烦恼。

我的写作故事说来也好笑。我很小的时候,妈妈就有订阅报纸的习惯,她看过的报纸会堆放在一个箱子里。每当妈妈出门时,我就伺机出动,"偷"出一两张报纸,开始自娱自乐,进行撕纸大赛。一会儿工夫,地上满是碎纸屑。妈妈发现了,总要批评我,说我是"撕纸大王",还叫我多看看报纸上的文章,说那上面有许多有趣的故事。妈妈的话我都当成耳旁风了,心想看报纸哪有撕纸过瘾!

有一天,我趁妈妈出门之际,又"偷"了一张报纸开撕。撕着撕着,忽然看见儿童文学栏目中有一篇《小灰灰找妈妈》的故事。小灰灰?灰太狼的儿子吗?带着疑惑,我看完了这篇文章。文章写得很有趣,逗得我肚子都笑疼了。

从此,我的生活改变了方向,不再"偷"报纸搞破坏了,而是四下里找报纸、书籍来看,我还偷偷地模仿看到的故事开始写起了"文章"。从最初模仿《小灰灰找妈妈》写的《懒羊羊偷吃记》,到后来写的《羊村历险新传》,我一发不可收。我把写好的文章拿给妈妈看,每次都逗得她哈哈大笑。渐渐地,我写作的习惯就这样养成了。

不知不觉中，一本日记本都写完了。当妈妈把这些文章拿给亲朋好友看时，他们都不相信是出自一个只有十岁的孩子之手。我越写越顺畅了，老师也帮我修改，鼓励我把文章上传到校园网的班级博客中，她还让我读给同学们听。我心里那个美呀，实在无法形容。特别是当小伙伴们羡慕地望着我时，我觉得自己都要飘起来了。

从那以后，同学们就追着我喊"小作家"，还借我的作文看。我心里当然就像吃了蜜一样。也会有人问我，怎样才能写出一手好文章，这时，我就会对他说"多读书，多动笔"！上学期，我在学校门口看到一个骆驼，很想骑上去感觉一下。可惜我没有带钱，只好眼巴巴地望着它，看了许久许久……回家以后，我拿起笔，把心中的遗憾写在了纸上。没想到，这篇《偶遇骆驼》竟被老师推荐到县里，在《鸠兹鸟》杂志上发表了。老师知道这个消息后，第一时间就发信息告诉了我，还在班级的QQ群里表扬了我。妈妈一高兴，痛快地奖励了我一本书——《窗边的小豆豆》。那是我想了很久的书，别提心里多美啦！

"只有写，才会写。"这是巴金爷爷的话，我一直铭记着这句话。因为它，点亮了我心中的那一片角落。

从害怕写作至找到乐趣

陈祖航

说起我的写作，简直就是一部"血泪史"。这主要归功于负责辅导我作文的爸爸，他的辅导方式很简单：只要写得不好，甭管咋修改，先打一顿再说。记得以前，每次听到老师布置作文，我就觉得像世界末日降临了一样，拿起笔，抓破头皮也写不了几十个字。好不容易东拼西凑出来二百来个字，给爸爸看，换来的大多是一顿揍。

　　以前写作文，对我来说最难的就是开头。有个周末，我一大早就完成了除了作文以外的所有作业，拿去给爸爸签字。他一边签字，一边对我说："不错，下午认真完成作文，晚上给我检查。"可就这一篇作文，我从中午咬笔杆子一直咬到了晚上，愣是一个字没写出来。到了晚上，爸爸看到干干净净的作文本，二话不说，就请我吃了顿"竹笋炒肉丝"的大餐。我哭得稀里哗啦，却听到爸爸说："万事开头难，写作文最怕不动笔，整整一个下午，你想到什么就先写下来，然后再慢慢改啊！你这样硬想，不是浪费时间吗？"后来，我还是哭哭啼啼地完成了作文，此后写作文再也不敢拖拖拉拉了。

　　还记得四年级有一次写作文，要求不少于五百个字，我赶着出去玩，匆匆写完，一看才三百来个字。于是我便耍小聪明，胡编乱造地在结尾凑字数。结果少不了一顿打。爸爸说："胡编乱造凑字数的文章一眼就能看出来，你态度不端正，挨打冤不冤？"我想当然不冤，乖乖地又重写了一遍。

　　回想我的写作生活，虽然没少挨爸爸的打，但我还是从内心里感谢爸爸。如今的我不但不害怕写作了，还从中找到了乐趣。这种乐趣不同于看电视的直观乐趣，而是攻克了一个个难关的满足感。

写作承载了我的喜怒哀乐

汤航天

记得刚上小学一年级时,老师布置了家庭作业——看图写话。我左看右看,上看下看,也没看出什么名堂,只得求助当老师的老妈。老妈先让我说,然后帮我整理,最后让我照她的样子抄一遍交给老师。这样过了一段时间,我就养成了一种依赖心理,无老妈不写话。这一年,算是蒙混过关了。

二年级下学期,老师让我们写简短的日记,说家里、学校里发生的有趣的事情都可以记录下来。老妈看我能写很多字了,就让我自己写,然后帮我修改。这一年也算侥幸渡过。

到了三年级,正式写作文了。老妈语重心长地说:"儿子啊,从现在开始,你要独立写作,我不能帮你修改了。你总不能考试的时候,也把我带上吧?"我软磨硬泡,磕头作揖,最终老妈勉强答应帮我改改错别字和有语病的句子。

一天,我写了一篇日记给老妈看,谁知老妈越看越生气,最后当着我的面撕了草稿本。"你写的是日记吗?简直是记流水账,重写!"从没见老妈这么生气过,我赶紧闪进自己的小房间里。正当我抓耳挠腮之际,瞥到了书架上一本《小学生300字作文大全》,我打开来"唰唰唰"一字不落地全抄了下来。"嘿嘿,这下妈妈不会说流水账了吧！"我在心里暗暗窃喜。我把日记本交给妈妈，她看了看，然后抬起眼意味深长地看着我，问："这次比上次的好多了，这是你自己写的吗？"

"当然了。不然是谁写的？"我嘴硬心虚地答道。

没想到老妈二话不说，直接跑到我的书架前抽出那本《小学生300字作文大全》递到我手里："你把书翻到一百零二页，看看有什么？"

"你拿我作文书干吗？又不是你看的书。"我强作镇定，又把书塞进书架。

"把书拿出来！翻到一在零二页！我的话你没听见吗？"妈妈火了，一巴掌打在我的脸上。我捂着发烫的脸，眼泪无声地流了下来。之后，妈妈跟我说了很多教育我的话，从那以后，我再也不敢抄作文了。

现在，我已经是一名高年级的学生了，关于写作，我不再那么抵触，那么惧怕，反而对写作有了别样的情感。高兴时写一段，难过时写一段，成功时写一段，失败时写一段。写作承载了我的喜怒哀乐，成了我生活中不可缺少的一部分。

我爱作文

姜来

在我的脑海中划过了一道优美的曲线，这便是属于我的写作故事。也许有些坎坷，或许有些快乐。但这一切，都要从刚开始学写作

文说起。

三年级刚接触作文时,我是非常不情愿。有时考试,试卷前面是全对,而作文却扣了三四分。对此,我很烦恼,也很失望。成堆的《作文选》我都一本本阅读完了,但作文成绩还是不理想。每当发下语文试卷,我最不想看的就是作文题。

在写作道路上"走投无路"的时候,我偶然遇到了"小荷文学院"(小学生作文培训机构)。这个名字我是永生难忘的。当我踏进"小荷作文",与老师"狂欢"时,我不仅重新认识了作文,也渐渐爱上了写作。一篇篇凝结了汗水的作文,使我的写作水平提升了许多。通过一个寒假的学习,我对作文充满了信心。

人生总不会是一帆风顺,第一、二两次考试作文分依旧没有如我所愿。我的心又急躁了起来。虽然在上"小荷作文"春季班,我的心里却五味杂陈,对作文的念头又动摇了。我觉得我的作文水平虽然提高了,或许只上升了一个层次,还没有达到"优秀"。这时,老师告诉我:"学习写作文是一个漫长的过程,需要自己博览群书,多写日记多练笔。除此之外,别无良策捷径。"老师的一番话驱散了我心头的"乌云",指明了我前进的方向。于是,我又下定决心,与作文"抗战"到底!

我知道,一篇篇作文都是经过百般思考,用心血凝结而成。学习写作,自有乐中苦,苦中乐。每当看到自己的作文打了高分,我都会更加努力。春季、暑假的两期努力,就要在秋季揭晓。功夫不负有心人,我的作文竟然只扣了两分,而第二次则破天荒地只扣了一分!我百感交集,昔日的汗水,昔日的努力,最终换来了成功。之后,我的作文扣分都保持在了3分以下。我依旧在努力,依旧在付出,不管在学校还是在"作文"班,我的作文成绩一直在中上等。

虽然我已经是五年级了,但我对作文的那份浓厚兴趣却没有逝去。我爱写作,我爱作文!

我与写作

汪 悦

写作早已成为我生活的一部分。从什么时候爱上它的呢？从那次获奖开始了？不，更早，还是从老师和我"斗法"开始的。

我非常喜欢文学，但却很讨厌作文。诸如《我最感动的一件事》《母爱》……这些题目，从一年级写到五年级，越写越烦，越写越找不到灵感。可今天，老师让我们随便写，我立刻如同打了鸡血似的，来劲儿了。决定独辟蹊径，将以前写的两首小诗修改一番，认真抄在作文本上。我第一次觉得，写作文不再是活受罪了。

我开始萌生出企盼，企盼老师赶快把作文本发回来，自认为那两首优秀的诗作，一定能让老师眼前一亮。不由念叨着："老师，快来吧！我等不及了！我就要一鸣惊人，就要面对同学们仰慕的目光了！该怎么办呢？低调！一定要低调！"我觉得我就要走上人生巅峰了。

老师抱着厚厚一摞作文本走上讲台，我的心抑制不住地狂跳起来。然而四十分钟过去了，该宣读的范文宣读了，甚至某个同学作文里一两个生动有趣的句子也被拿出来表扬，但始终没提到我的大作，我霎时间很失落。"怎么会呢？我的两首诗不是大作吗？不是我一直引以为傲的吗？怎么可能，老师改作文时把我的遗漏了吗？"过了几分钟，本子被发了下来，我迫不及待地打开，发现连"阅"字都没有，只有日期和一句话："往后要独立写作！"

看到这行字，我委屈极了，老师怀疑我抄来的？我的眼泪像决了堤的水一样，喷泻而出……

自此，我以这次作文为耻，疯了似的读书、写诗。

一年后，我升到六年级，先后写了三篇文章给报社，虽然都石沉大海，但我没有放弃。皇天不负有心人。终于，我的一首小诗被报纸刊登出来了，让我十分欣喜。

写作，我恨你，但我也爱你；我怕你，却也喜欢你；我厌恶你，却又企盼你。

享受每一次写作

鲁小雪

二年级时，我学会了词语、句子。望着初中的姐姐笔下总能流淌出动人的语句，十分羡慕，心想，什么时候我也能写出诗一样的话语呢？

上三年级了，老师让我造个比喻句，我想了想说："弯弯的月儿像小船。"老师扬起一抹明媚的微笑，说："好！很好！"一星期后，老师又要我造个比喻句，我随口答："弯弯的月儿像小船。"这回，老师没有笑，也没有夸奖我，而是淡淡地说："第一次你造这样的句子，很好，但第二次就不新颖了。写作文，新颖、吸人眼球，十分重要！"我低头深思，似乎明白了什么。

几天后，老师问我同样的问题，我思考了一下，说："雪像一片片鹅毛。"老师笑了："你要想学会用优美的词语修饰你的句子，秘诀在于看书。书是知识的海洋，无边无际，很多东西都需要你自己探索。"

于是，我踏入了书的世界。巴金的《家》，让我学会了如何用修辞手法充实语句；契诃夫的《凡卡》，教我要用真情实感来写作文。不同的书教我不同的写作技巧，我便从句子到片段，再到文章，笔下的事物也越发生动。

一次，老师让我们写一篇题目为"母亲"的作文。我提起笔，好词好句浮在脑中，行云流水般写出了一篇文章。老师看了，夸奖我说："母亲的眼角镶在深深的皱纹中的'镶'用得好。我有些不好意思，其实我是模仿了高尔基《母亲》中的'镶'"。老师知道后，说："适当的模仿是可以的，但还需要进行再创作，将别人的文字变成自己的。"

在老师的鼓励和教导下，我的写作水平一步步提高。如今，写作已经成为我生活中的一部分了，它带给我无穷无尽的享受。

写 文 章

章东慧

每一个人记忆的花园里，总有一朵玫瑰，它记载了一个鲜活的故事。

中秋那天晚上的月亮纯洁无瑕，恍若仙子。我的心与那月亮一起共舞，可另一边却打着"小九九"，溜回房间看《巴啦啦小魔仙》。我弯着腰，踮着脚，一双像贼一样的眼睛时不时地望向爷爷、奶奶。不料，月光背叛了我，将我的行踪一清二楚地告诉了爷爷、奶奶。爷爷佯装没有看见，打趣道："呦！这是谁呀？'尾巴'都露出来了。看这美丽的景色多好呀，也不知道写下来。"坐在摇椅上的爷爷闭着眼睛。我脸上顿时一热，心中不断地叹息："真是偷鸡不成蚀把米哦。"我乖乖地把小册子拿过来写文章。可是因为刚才被爷爷"训"了一顿，我的心情顿时跌落到了谷底。我胡乱写了一篇，把这篇不到两百字的文章读了一遍。"在月光下……呃……"这是什么，我写了这个字吗？算了，干脆直接跳过吧！

　　可不得了了！我的自言自语全被调皮的风宝宝送到了爷爷的耳朵里。爷爷皱了一下眉头，语重心长地说："把它好好改一遍吧！"听了爷爷的话，我静下心来，仔细观察着月亮。可是不会写的字多着了！写完了，我的眼里闪着得意之色，大声朗读着："月光下，我半倚着阳台，微风从我的鼻中探过后，又受惊似的跑了。那闪烁的星星在夜幕中眨眼，观察着世界的每一个角落……"一会儿，我读完了。爷爷拍手叫好，得意与高兴填满了我的心房。从那以后，我逐渐爱上了写作，那被汉字排成的一篇篇文章深深感染了我。

　　无论是什么时间，不管是一篇稚嫩的文章，还是一篇写法娴熟的文章，我都要细细地浏览，给予评价。我觉得，一篇好的文章不是胡编乱造出来的，必须有真情实感。

作文高手的由来

汤思雨

在我们班，"高手"这个词是忒流行的，可不是什么人都能称作高手哦！只有在某一方面比较出色的同学才配得上这个称呼。比如大个子王超篮球打得好叫"篮球高手"，金嗓子王宇琴歌唱得好叫"唱歌高手"……不知什么时候，我也有了一个响亮而自豪的绰号——"作文高手"。

说来惭愧，我这个"作文高手"，其实名不符实。记得三年级时，我们刚学写作文，那时的语文老师是个年龄比较大的老师，姓汤，背后里同学们都叫他"汤老头"。汤老头对我们要求也不高，渐渐地我学会了偷懒——每次习作我都在网络上找自认为写得比较好的作文，抄下来，再适当修改一下。每次作文评讲，我都能得"五星"好评，小伙伴们羡慕极了。我也始终保守着这个秘密，渐渐地，我竟成了他们心目中的"作文高手"。

纸终究包不住火。直到有一次，我仍故伎重演，写了一篇题为"我最敬佩的人"的作文。评讲作文那天，我正得意地等着老师的"五星"好评，谁知老师二话不说，走过来就给了我两板子。我一时觉得莫名其妙。后来我知道了原因。原来，我们班一个男生"剽窃"了我的技术，更巧的是我们抄了同一篇作文。哎！真是倒霉。于是，

同学们你一言我一语地纷纷议论起来："什么作文高手，原来是抄的！""冒牌货！""不要脸，抄作文！"……在同学们的一片嘘声中，我羞愧极了，脸一下子涨得通红。

课后，老师把我叫到了办公室，当时我提心吊胆，心想：这下惨了，挨汤老头一顿批还是小事，如果让我妈知道了，那还不得掉层皮啊！我简直不敢再往下想了。但出乎意料的是，汤老头并没有发火，反而语重心长地对我说："小雨，你这次作文没以前抄得好。"什么？老师早就知道我抄作文？看我一脸惊讶，他摸了摸我的头说："以前抄作文，你都能认真修改，而且有时候比原文更精彩，这说明你很有写作实力。如果你今后能努力尝试着自己去创作，我想一定会非常出色。这次片区作文比赛，你去，老师相信你！"听了这番话，我的心像打破了调味瓶似的，有种说不出的滋味。那一天，我第一次觉得"汤老头"竟是如此可敬！也是从那时起，我下定决心要写好作文。

两年多过去了，我无论是学习成绩，还是作文水平都有了很大提高。我的作文还经常被当作范文在全班展示，也获得了很多奖项。我由衷地感谢敬爱的汤老师，是他的谆谆教导和无微不至的关怀让我成了真正的作文高手！

花开的声音

吴承昊

时光匆匆流逝，我也在不知不觉中慢慢长大了。躺在床上，我翻开记忆相册，回想一张张先前的相片，思索着一个个小故事。

五岁的时候，不知道自己知道——

一节课中，老师抛出一个问题。哈！真简单！大脑迅速传给了我答案，我正准备把手高高举起时，又转念一想：不对吧？不可能这么简单。于是，我又把刚准备举起的手放下了。但等到老师报出正确答案时，我叹了口气，我的答案是对的。

九岁的时候，知道自己不知道——

开学第一天，我们学习英语。我有不少时间没读英语了，所以对英语变得生疏起来，就连简单的I'm……都不会。不料，老师偏偏叫人读，我的心提到了嗓子眼，在心里祈祷：我不会，千万别叫我，千万别叫我！幸好，Miss王叫的是其他几个同学。

当十岁生日的蜡烛吹灭，我真的长大了——

上个周末，奶奶出门有事，我作业写完了没事干，看到乱七八糟的书房和满是灰尘的地板，我找来扫帚，把客厅打扫得一尘不染，接着又认认真真地把几个房间收拾得整整齐齐，干干净净。过了一会儿，奶奶回来了，看到这种情况，高兴地抱着我说："孙子长大了！"

长大既有烦恼和无奈，也有高兴和喜悦，既然所有人都会长大，那就痛痛快快地享受一下长大吧！

长大的多姿多彩

吴 鹏

我想长大的滋味应该是酸、甜、苦、辣吧。

酸

这次数学考试成绩出来后,老师的笑酸酸的,我们的鼻子酸酸的,老师的话酸酸的,我们的眼睛酸酸的,仿佛大家嘴里都嚼着一枚青橄榄。可是我们不能哭,一次失败算什么,也许以后正是这青橄榄会让我们回味无穷呢!

甜

看见妈妈买的西红柿,我就说:"妈妈,我想学做西红柿炒蛋。"妈妈给我讲了这道菜的大概做法,我开始一步一步地倒油热锅、打蛋、煎熟、切块、放西红柿块翻炒,最后放调料,这样我的西红柿炒蛋就好了。我尝了尝,嗯,味道真香甜。妈妈夸我是个小能手。

苦

　　外婆想休息一下，我便要照顾我的小妹妹。我把她放在床上，调皮的她把袜子脱了往嘴里塞，把床上弄得乱七八糟。我只好把她抱到地板上玩，可她的小头往玩具上一磕，"哇"地大哭起来。外婆醒了，赶紧把妹妹抱起来摸摸。我想：照顾妹妹可真是一件大工程，外婆真辛苦！

辣

　　我在回家的路上捡到一百块钱，看了看四周，只有一位叔叔走在前面，心想：这肯定是那位叔叔掉的。于是，赶紧跑上前把钱递给了他。突然发现远处一位老奶奶在寻找着什么，原来那一百块是老奶奶丢的，可我回头找那位叔叔时怎么也找不到了。我真为自己的失误感到懊恼，心中火辣辣的。

　　我想，我就是在这些酸甜苦辣的生活中慢慢长大了，这其中的滋味需要我不断地体验，这样才会发现长大的多姿多彩。

长大真好

董 烨

当我乖乖吃完饭时，妈妈说："你长大啦！"
当我帮爷爷捶背时，爷爷说："你长大啦！"
当我取得好成绩时，老师说："你长大啦！"
那究竟什么才是长大呢？长大了我又会做些什么呢？

想着想着，我竟然真的长大了，变成了小草。我躺在一望无际的大草原上，周围弥漫着浓郁的青草味，张望四周，看到了随风奔跑的羊群，看到了郁郁葱葱的参天大树，看到了策马奔驰的牧羊人。

啊，原来长大就是无忧无虑，领略美景。

想着想着，长大后的我又变成了一条蓝鲸。我在蔚蓝的大海中欢快地遨游，唱着悦耳的歌声，看成群结对的鱼儿在花花绿绿的珊瑚丛中捉迷藏，听嬉戏玩耍的海浪弹钢琴。

啊，原来长大就是自由自在，寻找快乐。

长大还会是什么？正想着，长大后的我又变成了一只白鸽。我飞向沙漠，沙漠变成了绿洲；我飞向废墟的家园，荒芜变成了热闹；我飞向孩子的眼睛，恐惧变成了希望。

啊，原来长大就是传播和平，传递幸福。

长大啊，就像五彩斑斓的水晶球，照耀出美丽的世界；

长大啊，就像五颜六色的糖果，散发出甜美的滋味；

长大啊，就像五彩缤纷的翅膀，为人们带去希望和美好。

长大真好！

长大做个文明使者

吴梓鑫

有人说，长大后是辛苦的；有人说，长大后是快乐的；也有人说，长大后是悲伤的。那我长大后会是什么样的呢？

一转眼，我摇身一变成了一个探险家，周游世界，探索世界的奥妙。

我来到海边，潜入深海，找寻海中的秘密；来到丛林，观察林中的野生动物，采集各种奇形怪状的食物，分析，研究；来到大草原，阵阵清香扑鼻而来，我紧跟着羊儿马群，体验它们的日常生活；来到雪山，一阵又一阵的大风，冻得我瑟瑟发抖，我向前走，发现了冻得结结实实的溪流，真像是一个天然溜冰场。我忍不住拿出相机，拍下了这一个又一个美景。

哦，我懂了，长大就是环游世界，探索世界。

一瞬间，我又成了一名画家。画山水，画人物，画建筑，画星辰，画大海，我要将世界上的一切事物，用画笔珍藏。

首先，我要在本国，也就是历史悠久的中国首都——北京，开始我的绘画之旅。先画天安门，再画长城，再画颐和园，再画……画完之后，将他们装订成册，永久珍藏。

　　之后，我又去了世界各地，一边旅游，一边把那儿的风光，建筑，信仰，习俗……留在我的画册上，这样，就可以将各地的美景美食尽收眼底，将各地的宗教信仰传播于世。

　　哦，我懂了，长大就是游历世界，记录不同国家，不同民族，不同信仰人们的生活。

　　啊，长大是一边探索世界，一边将自己的见闻画下来，做人类文明的友好使者，传播文明，传递友谊，传承历史。

向新四军烈士致敬

芮梦琴

　　在离我老家两公里远的圩堤上有一座高高的铁塔，每次我去大姨家时都要壮着胆子爬上去美美地玩上好一会儿。因为塔高，所以从那里可以看到隔壁的保沙圩的好多村庄，视野很开阔。后来，当我了解到它原本的作用后，我便再也没有爬上去玩过了。

　　这是一座瞭望塔，它建成于抗日战争时期，是当时驻守在这里的日本鬼子修建的。每天都有日本鬼子登上这个铁塔站岗放哨，一有风吹草动他们就会下来扫荡。正是因为这座瞭望塔的存在，使当时在这一带活动的新四军牺牲了许多人。

　　那时，我们这一带经常有新四军活动。我曾祖父的命就是新四军战士救下来的。曾祖父是个农民，闲时靠打鱼卖点零钱补贴家用。有一次，他正在老家村后的一个湖里捕鱼，不料却碰到四个日本鬼子，他们看到我曾祖父鱼篓中的鱼，立刻围上来让我曾祖父出示"良民证"。曾祖父忙从口袋里掏出前不久领来的"良民证"，但他们却说我曾祖父将"良民证"给弄脏了，是对大日本帝国不满。接着便用枪托将我曾祖父砸倒在地，拎起鱼篓便走。曾祖父忙抢过鱼篓，这时一个日本鬼子跑过来用枪把往他腿上砸去，只听"啪"的一声，我曾祖父的腿骨就断了。另一个日本鬼子也冲了上来，正准备下手时不知从哪里冲过来几个新四军战士，将这几个日本鬼子给俘虏了，救下了我曾祖父的命。

直到现在，我和父亲在清明时节都去县里的烈士陵园扫墓。曾祖父的故事让我们在心里深深地敬仰着他们——那些英勇牺牲的新四军战士，正是他们用自己的鲜血和生命创造了我们今天幸福安宁的生活。

当一回幼儿园老师

吴慧娴

我当上了一名幼儿园老师，教的是小班。我给这个班取了个有趣的名字，叫"果冻班"。

报名那天，我把准备入"果冻班"孩子的家长们都召集来开会。我对他们说："入'果冻班'的学费是一千五百元，早餐和午餐都在学校里吃，校门七时五十分关闭，早餐8时开始，放学时间是下午三时三十分。学校里有两名保安，孩子们的安全你们尽管放心好了。"

开学第一天，一个个才四五岁的小孩在父母地搀扶下走进了"果冻班"， 坐在各自的座位上。因为有父母的陪伴，所以他们不哭。可是，父母一走开，他们就"哇哇"地哭起来。我劝了这个又哄那个，真是忙得不可开交。幸好他们的父母又及时赶了回来，哄了他们，才停止了哭闹。真是一群难对付的"小天使"啊！

早餐十分丰盛，每个小朋友的餐盘里都有一些面包和一个鸡蛋，旁边还放着一杯早餐奶。这样的早餐很有营养，小朋友们吃得津津有味，可高兴了。

上午第一节课是美术课，由我来上。走进"果冻班"之前，我忐忑不安，怕这群"小天使"又会弄出什么闹剧来。我站在讲台上，做了自我介绍，说："我姓吴，你们可以叫我吴老师。"小朋友们听了高兴极了，他们可是第一次认识老师呢。接着，我开始上课，先教小朋友们画了一个圆，然后对他们说："你们把各自画的圆添上几笔，看看能变成什么。"小朋友们便开始了添加，我在他们之间来回看他们的"作品"，只见有些小朋友画成了气球，有些小朋友画成了西瓜，还有些小朋友画成了棒棒糖……他们画得不亦乐乎。这时，我的顾虑已经没了，心里乐滋滋的。

就在这时，下课铃声响了起来。

"慧娴，快起床，六点了！"

"咦？下课铃声不是'下课了，老师您辛苦了'吗？怎么变成这样了？"

我正纳闷呢，突然被奶奶的叫声惊醒了，原来是一个梦啊。

花开的声音

放 风 筝

芮雪涵

阳春三月，百花盛开，莺歌燕舞。在这春光明媚的季节里，学校决定组织一次放风筝活动。下午一点出发，地点就在学校的后山上。

这是我们期待已久的活动，我们都巴不得时间过快一点，十点，十点半……十二点半，时间在这一刻似乎过得异常缓慢。"耶！"随着同学们爆发出一阵震耳欲聋的欢呼声，终于到一点了，同学们迅速在操场上集合，老师和校长讲完活动中注意的安全事项后，我们就出发了。

一路上，我们像一群叽叽喳喳的小鸟，兴致都特别高。来到学校后面的山上，大家兵分两路。三年级、六年级在离学校较近的山头上放，而我们四年级和五年级则在对面的山头放。

刚到达目的地，大家就迫不及待地一展身手了。一只只风筝陆续飞上了蓝天，沐浴着和煦的阳光，在天空中遨游。看，一只"老鹰"正展开双翅，时而直冲云霄，时而俯瞰地面；瞧，一只"米老鼠"拖着一条彩色的尾巴，时而在空中舞蹈，时而在和伙伴们嬉戏。还有一只"老虎"也窜上天了，头上一个大大的"王"字更增添了它的几分雄姿……

看着大家放得这么起劲，我不禁手痒痒了，拿出了早已准备好的

"燕子"开始放了起来。

我顺着风，一次次奔跑，竭力想让风筝飞起来，但每次它刚飞到半空就掉了下来。这到底是怎么回事呢？我像一颗被烫熟了的青菜，立刻蔫了，坐在路旁垂头丧气地摆弄着风筝。辅导员老师见我不高兴的样子，问我怎么回事？我如实回答了。"那你得找找原因，不是风筝有缺陷，就是放的方法不对。"辅导员老师望着我说。我仔细看看大家。嘿！我终于恍然大悟了，别人都是牵着风筝逆风而行，而我却是顺风向上抛，当然放不上去！知道错在哪儿了，接下来的事就简单多了。我又开始了新的尝试，经过我的几次努力，风筝终于飞上了天空。此时，成功的喜悦也让我的心随着风筝舞蹈，那只"燕子"也和我一样正咧着嘴望着我，仿佛正朝着我笑呢！

转眼间，太阳已经偏西，大家也跟着老师回到了学校。今天的这次活动不仅使我学会了放风筝，还让我懂得一个道理：遇到困难不要轻言放弃，只要用心去思考，总能找到解决的办法。

写字比赛

汪芝润

星期四，我参加了县里举办的写字比赛。

到了比赛场地，我忐忑不安，要知道全班只有我一个人来参加比赛，拿不到奖可太没面子了。

还没等我调整好心情，比赛就开始了，刚才还非常热闹的教室，立刻变得鸦雀无声。看来，大家都很在意这次比赛啊！

拿出稿纸，我认真地写着，生怕有一画写得不好看。正当我全神贯注书写时，不知什么时候，监考老师走了过来，抢过我的稿纸在上面写了个编号就走了。这使我有点紧张。一紧张，厄运来了——我把一个字写错了。没办法，我又换了一张稿纸，比上一次更认真地写了起来。

写完之后，仔细看了看，我觉得很满意，便交卷走出了教室。

刚走出考场，妈妈迎了上来："序号写了没有？你不是换了一张纸吗？"糟糕，换了稿纸居然没让监考老师重新写编号！我赶紧跑回教室，对监考老师说："老师，我换了一张纸，能不能再帮我再写一下编号？"

"你是不是在家里写的？"监考老师直直地盯着我问道。

真的无语，我再怎么在乎这场比赛，也不会作弊啊！见我沉默不语，监考老师对跟着我一道进了考场的妈妈说道："去把那张写了编号的纸给我看看。"于是，妈妈越紧跑到我座位上，把那一张写了序号的纸拿了过来。

监考老师接过稿纸后，与交上去的那张稿纸放在一起，左看看，右看看，上看看，下看看。没想到，她研究了好半天之后，抬起头来郑重对我说道："我敢肯定是在家里写的！"唉，这怎么说呢！要怪，只能怪我写之前没让她先给我编号吧！真没想到，一个编号在这监考老师的眼里，居然还有防止作弊的作用。难怪是她在给大家写编号，而不是让我们自己写。

我看了看妈妈的表情，妈妈阴沉着一张脸，仿佛挤一把就能挤出水来，可以看出她很生气。只是，我不知道她是生我的气，还是生监考老师的气。

过了好半天，妈妈平静下来后对我说："让老师编个号，你再去写一张吧。"没办法，我只好低着头，又走到了我的座位上。

有了前面的"插曲",我已经静不下心来了,写出来的字感觉一个比一个丑。写完,我难过地拿着我认为写得很好的那张稿纸,坐着车回家了。

唉,以后我再也不那么马虎了!

周　末

尚晶晶

悄悄溜出妈妈的视线,我飞快地跑下了楼,刚出了小区,我就停了下来,一边喘着粗气,一边看看妈妈追出来没有。

好在没有。

湛蓝的天空缀着几片薄云,空气中散发着自由的香味。

我直奔小区旁的公园,那一向是我们班同学经常出现的地方。路上我拿出那部只能通讯的手机,给同学发了一条信息:"今日吾得幸出门,念无与为乐者。若能于卿见于公园,聊而共饮,岂不快哉?"

几分钟后,我来到了公园,久久凝视公园内,树叶迎风舞动着,似乎在招呼每一位进去游玩的路人。在里面很难遇见学生,至少我没有看见学生模样的人。都8点23分了怎么人还没出来呢?正当我疑惑之时,同桌回了信息:"今日姑娘难得出笼,盛情实不应推却。奈何高堂之命难违,欲完成如山堆之作业,恐有难度,不如明日再叙。"

我笑了笑,都是深受作业资料折磨的同道中人,我只能祝同桌好运。看来同学们应该都在家做作业了,期末将至,必有大劫啊!

虽然没有人陪，但好不容易出来一次，我一定要好好放松一下。在公园逛了不到十分钟，我就在一个小亭子里遇到了茜茜。她是我妈妈朋友的女儿，长得还算漂亮，不过戴着一副重重的黑色边框眼镜，显得整个人都不太机灵了。她也看到了我，跟我礼貌性地打了个招呼。我略微寒暄了几句，准备离开时，看到她的旁边堆着四五本厚厚的参考书，手里还拿着一本《百分宝典》，就忍不住问了句："你妈给你买这么多参考书啊？看起来不累吗？"茜茜用手扶正了眼镜，像拨浪鼓似得摇了几下头，说："累又能怎么办呢？我妈说我在学习上智取是没出路了，只能抓紧时间多背几道题，看看能不能瞎猫撞上死耗子——捡点分。"说完，她叹了一口气，朝着阳光多的一面看起了书。她把书捧得高高的，眼睛眯着，一个字一个字地背。或是因为眼睛度数又深了，她又把书捧得近了些，脸似乎都埋进去了。我问："有用吗？考试卷子又不是出书的老师编的。""不论管不管用，都得背。反正我现在作业、考试都靠参考用书了。不过，一开始管用，后来背的这些题都没碰到过，我又没怎么看书，成绩下降了不少。"我讪讪地笑了笑，不是笑她，而是笑我自己。

我与她又何尝不是一样，虽然天天抱怨作业多，但答案都是从参考书上抄来的，自己也没动多少脑子，考试也总是得过且过。好像已经很久很久没有收获到学习的快乐了，好像在很久很久之前，我就已经忘记了怎样去学习了。

风飒飒地吹着，吹得落叶满天飞，吹到我的脸上，像是一下一下地抽打。

亭子里只有两个身影，一个是快要将整个身子都埋进书里的茜茜，一个是愣愣杵在那里的我。这时老妈发来了一条信息："丫头，又哪疯去了？快回来看我刚给你买的参考书！"

美妙的旅行

袁弋乔

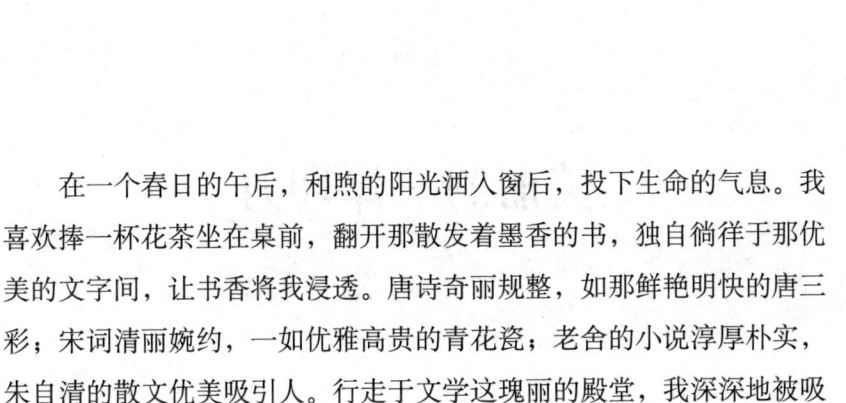

在一个春日的午后,和煦的阳光洒入窗后,投下生命的气息。我喜欢捧一杯花茶坐在桌前,翻开那散发着墨香的书,独自徜徉于那优美的文字间,让书香将我浸透。唐诗奇丽规整,如那鲜艳明快的唐三彩;宋词清丽婉约,一如优雅高贵的青花瓷;老舍的小说淳厚朴实,朱自清的散文优美吸引人。行走于文学这瑰丽的殿堂,我深深地被吸引。

冬日严寒、夏日酷暑,当人们沉迷于五光十色的花花世界,我的生活依旧简单,平静而诗意。打开百科书,我沉醉于探索世界的奥秘——一个个奇妙的猜想,神奇的发现,新奇的现象,简洁的定理,每一个小小的发现都让我欣喜万分。自然如此博大,生命如此精妙,真理的海洋前,我快乐地在滩涂上捡拾异彩的贝壳,追逐奔跑的浪花。它们为我打开一扇门,领我进入科学的大厦,不断追寻着宇宙深处的奥秘,不断探索这未知的世界。

有空闲时,我需要打理简单的行装,背上小小的行囊,约上三五好友踏上去往远方的旅程。我们要去山奇水秀的云南,看傣族人民热情好客的舞蹈,品尝那四季常有四季不同的瓜果;我们要去鬼斧神工的石林,要登上美得神圣的玉龙雪山,不是为了征服,而是向往归属于自然，归属于纯朴；我们要去四川，看望地震后的"天府之国"，为那里的孩子带去快乐，带去温馨的祝福，带去满满的爱；我们还要去西藏，去东北，去海南……我们要走遍祖国的山水，用脚丈量这壮美的山河。

我向往这样的生活，这样的诗意，这样的激情，简单又不失精彩。我不要再做爱幻想的女孩，为了这样的生活，要积极努力，给自己的人生展开一段美妙的旅行，将这一切变为现实！

美丽的三潭印月

吴佳美

五一，我和爸爸、妈妈乘坐长途汽车，来到了令人向往的杭州西湖。

哟，西湖真大啊——简直像天空那样广阔。湖水碧绿清澈，湖面平静无波，像一面镜子。

西湖中有三岛，人称"蓬莱三岛"，意为海上的仙山琼岛。我们乘坐着小船，悠闲地来到了三岛中最大的岛——三潭印月。

三潭印月是一个花岛。水面上有很多水生植物，其中长得最茂盛的是睡莲，品种最奇特的是金莲。草坪上，雪松挺拔，石榴花开得鲜艳。远远望去，那石榴花就像一簇簇火焰。碧绿的水、翠绿的树、火红的花、弯曲的桥，形成了江南独特的水上园林。因此，三潭印月又被誉为西湖中的"盆景"。

三潭印月，历来是杭州赏月胜地。每逢中秋之夜，皓月当空，月影、塔影、人影交相辉映，形成了"天上月一轮，湖中影成三"的奇丽景色。

　　岛上有一座红柱黑瓦的四方碑亭，上面写着"三潭印月"四个字，传说它是康熙皇帝在1699年南巡西湖时所题的。

　　回到西湖岸边，放眼望去，三潭印月好像镶嵌在西湖上的一颗璀璨的明珠。

游动物园有感

钱佳豪

　　今年国庆长假我去了赭山公园，玩得别提有多开心了，令我印象最深刻的是里面的动物园。

　　刚进动物园就可以看到一圈圆柱形状的围墙，围墙里面一座小假山的尖尖角冒了出来，许多人都围在那儿。我们挤过去一看，原来是一头体型庞大的熊。这头熊竟然用两只后腿站起来了，憨态可掬，十分可爱。有很多人给它喂食，它的动作十分敏捷，任何食物它都能准确接到。这头熊特别瘦，骨头都凸了出来，毛的颜色都不那么光亮顺滑，一看就知道它的年纪肯定不小了。据说熊的寿命只有三四十年。有些熊也许大半辈子都要在这铁笼子里面度过，一点儿也不自由。我想它们也不愿在这"地狱"里生活吧！唉！真可怜！

　　我还看到了一只非洲母狮子。它在钢丝笼子里面来回地走动，一边走动，一边用眼睛盯着我们这些游客。虽然经过长期地圈养、驯服，基本上丧失了奔跑、捕食的生存技能了，但我依然能从它的眼睛里看出野性。

　　此外，我还看到了一只金钱豹——那是一只体形特别小，比狼狗还要小的金钱豹。它趴在地上，眼睛不再炯炯有神，无精打采地看着游客。偶尔也四处走走，是那么慵懒、毫无精神，连一只快死的老狗都不如。

　　许多动物已经失去了自己的本性，变得开始依赖人类。其实它们也不想被困在笼子里度过自己的一生吧。我突然觉得人类把它们关起来是一种罪过，人类凭什么能剥夺它们的自由？

　　这次游玩后我下定决心要呼吁人们多建立能给动物自由的野生动物园，少一点像这样禁锢动物行动的动物园，因为我们不仅要保护它们，更重要的就是尽量能给它们一些属于自己的空间！